ХЭЛ ТЭГШ БАЙДАЛ

NYELVI EGYENLŐSÉG

언어 평등

SPRACHE EQUALITY

TAAL GELIJKHEID

SPRÅK LIKHET

LANGUAGE EQUALITY

NGÔN NGỮ BÌNH ĐẲNG

IDIOMA IGUALDADE

BAHASA KESETARAAN

言語平等

שפת שוויון

भाषा समानताको

ภาษาเท่าเทียมกัน

МОВА РІВНІСТЬ

IDIOMA IGUALDAD

AEQUALITAS LANGUAGE

JAZYK ROVNOST

LANGUE ÉGALITÉ

ЯЗЫК EQUALITY

ພາສາຄວາມສະເໝີພາບ

LIMBA EGALITATE

اللغة المساواة

UGUAGLIANZA LINGUA

برابری زبان

语言平等

"모든 언어는 평등하다"

ভাষা সমতা

언어는 문화의 다양성 산물이며,
인류 공동체 소통의 시작과 문명 발전의 발자취이다.

LUGHA USAWA

또한, 인류 문명의 근원인 동시에 민족 정체성의 상징이다.
언어 평등주의 관점에서 고유 가치와 순결성은 언어 사용자수와 국력에 국한 될 수 없으며
어떠한 언어도 우수함, 열등함을 비교할 수 없다.

따라서, 우리는 언어의 획일화 위협을 완전히 배제하며
언어학습의 자유로운 선택과 평등한 기회를 위한 어학콘텐츠 개발과 보급이
우리의 가장 중요한 가치 중 하나이다.

민족 자주독립의 1945년 명동 문예서림(서점) 창립이래,
어학 콘텐츠는 우리의 과거, 현재 그리고 미래의 핵심이며
세계 모든 어학콘텐츠 개발과 보급이라는
우리의 이상과 독자를 위한 〈언어 평등〉에 정진할 것이다.

DIL EŞİTLİK

여행필수

크로아티아어 회화

http://www.bookmoon.co.kr

크로아티아어 회화

초판 2쇄 인쇄 2016년 6월 20일
초판 2쇄 발행 2016년 6월 27일

지은이 권혁재
발행인 서덕일
펴낸곳 문예림
편집 서민우
디자인 김현숙
주소 경기도 파주시 회동길 366 (10881)
전화 (02)499-1281~2
팩스 (02)499-1283
E-mail info@bookmoon.co.kr

출판등록 1962.7.12 (제406-1962-1호)
ISBN 978-89-7482-872-1(12920)

잘못된 책은 구입하신 서점에서 교환하여 드립니다.
본 책은 저작권법에 의해 보호를 받는 저작물이므로 무단 전제와 복제를 금합니다.

여행필수
크로아티아어 회화

문예림

머리말

크로아티아 면적 56,594㎢, 인구 4,284,000명인 중부 유럽과 발칸 지역에 거쳐 위치한 나라이다. 구 유고연방에서 1991년 독립한 국가이며 수도는 자그레브(Zagreb)이다. 크로아티아는 아직 우리나라에 익숙하지 않은 나라이나, 유럽인들에게는 이미 오래 전부터 아름다운 자연과 해안으로 유럽 최고의 휴양지로 손꼽히는 지역이다. 크로아티아에는 아드리아 해안을 따라 많은 아름다운 섬들이 즐비해 있으며, 대륙성 기후와 지중해성 기후가 공존하여 휴양지가 발달하기에 적합한 기후 조건을 갖추고있다.

크로아티아는 지금까지 우리에게는 까다로운 비자 문제로 방문이 힘든 상태였으나 2000년 6월부터 비자 없이 이곳을 자유롭게 여행할 수 있어 이제 유럽 최고의 해안환경을 만끽할 수 있는 기회가 왔다. 크로아티아에서도 다른 유럽 여러 나라와 마찬가지로 영어가 통용되기는 하나 일반인들의 외국어 수준은 그리 높지 않은 편이다. 따라서 크로아티아어를 모르는 상태에서 크로아티아를 여행하게 되면 많은 불편을 겪게 될 뿐 아니라, 크로아티아를 깊이 있게 경험하기 힘들다.

이 책은 크로아티아어에 대한 기초 지식이 없어도 쉽게 기초적인 크로아티아어를 구사할 수 있도록 쓰여졌고 다양한 목적으로 이곳을 방문하는 사람들이 겪게되는 과정을 체계적으로 배역하고 각 상황에 가장 적절한 표현들을 수록하고 있다. 이 책을 잘 사용한다면 첫 방문의 어려움을 잘 해결할 수 있을 것으로 생각된다. 크로아티아를 여행하는 분들에게 이 책이 조금이라도 도움이 되기를 바란다.

끝으로 이 책이 나오기까지 교정에 수고한 한국외대 김선미 조교의 도움과 문예림 관계자들의 노고에 감사한 마음을 전한다.

2001. 봄
저자

contents

01 크로아티아어의 발음과 특징
모음·자음	15
크로아티아 소개	18

02 기본 회화
호칭	20
편지형식	21
인사	22
질문	27
대답	30
소개	34
감사	39
사과	41
부탁	42
약속	44
장소	46
숫자	49
시간	55
날짜	60
공휴일/기념일	65
날씨	68

03 도착까지
출입국·세관 72

04 은행/환전소
환전소에서 77
은행에서 78
화폐단위 80

05 숙박 시설
공항에서 호텔까지 84
문의 및 예약 86
호텔에서 90
유스호스텔에서 96

06 방문
방문할 때 98

07 교통/여행
길을 물을 때 101
여행 103
비행기 여행 106

기차 여행	109
자동차 여행	113
크루즈 여행	119

08 식사
카페에서	124
레스토랑에서	127
불평	133
계산	134

09 관광·레져·스포츠
여행자 안내소	138
시내관광	141
교외/미사	143
술집/나이트 클럽	145
영화관	147
운동	149

10 쇼핑
쇼핑	154
옷가게에서	158
구두점에서	163
안경점에서	164

담배가게에서 165
서점/문방구에서 166
금은방에서 168
생필품가게에서 170

11 이발소 · 미용실
이발소 · 미용실 174

12 우편 · 전화
우편 177
전화 178

13 병원 · 약국
몸이 아플 때 182
치과에서 186
약국에서 187

14 사고 · 문제가 생겼을 때
분실물 센타에서 191
경찰서에서 192
교통사고 194

01

크로아티아어의 발음과 특징

모음

크로아티아의 모음은 6개이며 복모음은 존재하지 않고 반자음 "j(요트)" 가 있다. 원칙적으로 크로아티아어에는 음의 높낮이와 길이에 따른 4가지 종류의 강세가 존재하나, 외국인이 이를 구별하기는 불가능하다. 다만 강세를 받은 모음은 일반적으로 좀 더 명확하게 발음되며 이로 인해 다른 비강세 모음들과 구별이 된다.

자음

크로아티아어에는 25 개의 자음이 있고 우리말에는 없는 자음들이 많아 발음에 특히 유의해야 한다.

A a
[a] 우리말 [아]에 가깝게 발음한다.

B b
[b] 우리말의 [ㅂ] 발음할 때 [ㅡ]나 [ㅓ]와 같은 소리들을 미리 내는 듯한 기분으로 발음한다

C c
[ts] 우리말의 [ㅉ]에 가깝게 소리 내며 혀끝을 윗니 뒷부분 위쪽에 붙였다가 떼면서 내는 소리

Č č
[tʃ] 우리말의 [취]에 가깝게 소리 내며 입천장과 잇몸 사이에 혀를 붙였다가 떼면서 내는 소리.

Ć ć
[tɕ] 우리말의 [취]와 [찌] 가운에 발음 정도로 혀의 가운데 부분을 센 입천장의 앞부분 쪽으로 들어당기면서 발음한다

D d
[d] 우리말의 [ㄷ] 발음할 때 [ㅡ]나 [ㅓ]와 같은 소리들을 미리 내는 듯한 기분으로 발음한다.

Dž dž
[dʒ] ð에 대한 유성음으로 위와 같은 방법으로 발음하되 영어의 [드]와 [주]를 동시에 발음하는 느낌으로 발음한다.

Đ đ
[dz] Ć에 대한 유성음으로 Ć와 같은 방법으로 발음하며 [이]를 더불어 발음하듯이 [즈]를 발음한다

E e
[e] 우리말 [에]에 가깝게 발음한다.

F f
[f] 아랫입술이 윗니 끝에 살짝 닿게 하여 [ㅍ]를 발음한다.

G g

[g] 우리말 [ㄱ]를 혀끝을 조금 말아 올리면서 [ㅜ]와 함께 발음하듯이 발음한다.

H h

[x] 우리말 [ㅎ]에 가깝게 발음한다.

I i

[i] 우리말 [이]에 가깝게 발음한다.

J j

[j] 우리말 반모음 [ㅣ]와 가깝게 조음관을 긴장하여 발음한다.

K к

[k] 우리말 [ㄲ]에 가깝게 발음한다.

L l

[l] ㅣ은 윗니 뒤에 혀의 앞면을 대면서 [ㄹ]를 발음한다.

Lj ɪj

[ʎ] 우리말 [ㄹ]를 발음하는 위치에서 혀의 가운데 부분을 센 입천장의 앞부분 쪽으로 들어 당겨야 발음한다.

M m

[m] 우리말 [ㅁ]에 가깝게 발음한다.

N n

[o] 우리말 [ㄴ]에 가깝게 발음한다.

N nj

[ɲ] 우리말 [ㄴ]를 발음하는 위치에서 혀의 가운데 부분을 센입천장의 앞부분 쪽으로 들어 당겨야 발음한다.

O o
[o] 우리말 [오]에 가깝게 발음한다.

P p
[p] 우리말 [ㅃ]에 가깝게 발음한다.

R r
[r] r는 혀끝을 약간 말면서 [ㄹ]를 발음한다

S s
[s] 우리말 [ㅆ]에 가깝게 발음한다.

Š š
[ʃ] 우리말 [ㅆ]를 혀끝을 조금 말아 올리면서 [ㅜ]와 함께 발음하듯이 발음한다.

T t
[t] 우리말 [ㄸ]에 가깝게 발음한다.

U u
[u] 우리말 [우]에 가깝게 발음한다.

V v
[v] 아랫입술이 윗니 끝에 살짝 닿게 하여 [ㅂ]를 발음한다.

Z z
[z] 우리말 [ㅈ]에 가깝게 발음한다.

Ž ž
[ʒ] 우리말 [ㅈ]를 혀끝을 조금 말아 올리면서 [ㅜ]와 함께 발음하듯이 발음한다.

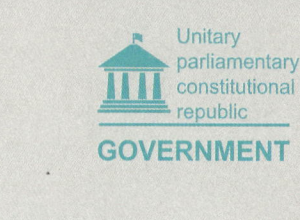

Unitary parliamentary constitutional republic

GOVERNMENT

Kuna (HRK)

CURRENCY

total 56.594 km2

AREA

Lorem ipsum dolor sit amet, quem tollit

WEATHER

Croatian   A C B

LANGUAGE

4.284 million

POPULATION

Lorem ipsum dolor sit amet, quem tollit

RELIGION

02

기본 회화

크로아티아어에는 대화의 상대자에 따라 2인칭 인칭대명사에 존칭 "당신(Vi)"과 일반칭인 "너(ti)"가 있다. 존칭은 잘 알지 못하거나 경의를 표할 때 사용되며, 서로 상당히 친해진 후에나 젊은층에서는 친근감을 나타내는 일반칭을 사용한다. 이 책에서는 대부분의 용례에서 존칭을 사용하고 일반칭을 사용할 경우는 따로 표시를 하여 사용한다.

호칭

~씨 gospod in~
고스뽀딘

여사/부인 gospođa~
고스뽀자

~양 gospodica~
고스뽀지짜

~박사님 gospod.ine doktore~
고스뽀디네 독또레

~교수님 gospod.ine profesore~
고스뽀디네 쁘로페소레

편지형식

공식적인 표현

~씨 에게
Cijenjeni gospodine~!
<u>찌예녜니</u>　　<u>고스뽀디네</u>

여사/부인에게
Cijenjena gospođo~!
<u>찌예녜나</u>　　<u>고스뽀조</u>

~여사/양에게
Cijenjena gospođo/gospođice~!
<u>찌예녜나</u>　　<u>고스뽀조</u>　/<u>고스뽀지쩨</u>

비공식적인 표현

Josip 에게!　Dragi Josip!(남성일 경우)
　　　　　　<u>드라기</u>　<u>요십</u>

Ana 에게!　Draga Ana!(여성일 경우)
　　　　　　<u>드라가</u>　<u>아나</u>

크로아티아 회화 **21**

인사

크로아티아에서 우리말의 "안녕하십니까?"에 해당되는 인사는 아침(Dobro jutro), 오후(Dobar dan), 저녁(Dobra večer)으로 나누어 시간에 맞추어 사용해야한다. 친척이나 아주 친한 사이에, 인사할 때 양쪽 볼에 가벼운 입맞춤을 하기도 하나 남자들 사이에서는 악수를 나누는 것이 일반적이다. 이 이외에 친한 사이에 일반적으로 나누는 인사로 Bog!이 있으며 지역적으로 "보끄" 또는 "복" 으로 발음하며 비공식적인 인사이다.

아침인사
Dobro jutro!
도브로 유뜨로

오후인사
Dobar dan!
도바르 단

저녁인사
Dobro večer
도브로 베췌르

안녕히 주무십시오
Laku noć.
라꾸 노치

안녕!(만날 때)
Zdravo!
즈드라보

어떻게 지내셨습니까?
Kako ste?
까꼬 스떼

어떻게 지냈니?
Kako si?/Kako je?
까꼬 씨 /까꼬 예

예, 잘 지내고 있어요, 당신은 어떻습니까?
Hvala, dobro, a Vi?
흐발라 도브로 아 비

잘 지내고 있어, 너는?
Hvala, dobro, a ti?
흐발라 도브로 아 띠

뵙게 되어 반갑습니다.
Drago mi je što sam Vas upoznao.
드라고 미 예 슈또 쌈 바스 우쁘즈나오

반갑습니다.
Drago mi je
드라고 미 예

부탁합니다.
Molim.
몰림

실례해도 됩니까?
Molim?
몰림

"molim"의 사용에 대하여

크로아티아어 **"molim"** 은 영어의 please, that's all right, thanks, sorry의 뜻을 모두 지닌 단어이다. 그러므로 상황에 따라 매우 유용하게 사용할 수 있다. 무엇을 부탁할 때나, 긍정을 나타낼 때, 미안함이나 감사함을 표시할 때 등 그 쓰임이 다양하다. 각 상황에서의 쓰임은 이 책의 각 부분들을 참고하기 바란다.

작별 인사

안녕히 계십시오.(안녕!)
Do viđenja!
도   비제냐

곧 다시 뵙겠습니다.
Do skorog viđenja!(다시 보자!)
도   스꼬로그   비제냐

내일 뵙겠습니다.(내일 보자!)
Do sutra!
도   수뜨라

안녕!(헤어질 때)
Zdravo!/Adio!/Bok!
즈드라보   /아디오   /보크

다음에 뵙지요!(다음에 봐!)
Vidimo se !
비디모   쎄

매우 친절하시군요.
Jako ste ljubazni.
야코   스떼 류바즈니

축하인사

환영합니다
Dobro došli!
도브로　도 슐리

행운을 빕니다!
Sretno!
스레뜨노

좋은 여행이 되길!
Sretan put!
스레딴　뿌트

즐거운 성탄을!
Sretan Božić!
스레딴　보쥐치

즐거운 새해를!
Sretna nova godina!
스레뜨나　노바　고디나

생일을 축하합니다!
Sretan rođendan!
스레딴　로젠단

즐거운 휴일을 보내시길!
Sretni praznici!
스레뜨니　쁘라즈니찌

축하합니다!
Čestitam!
췌스띠땀

모든 일이 잘되기를 기원합니다.
Sve najbolje!
스베 나이볼례

생일을 축하합니다.
Sve na bolje za rođendan!
스베 나 볼례 자 로젠단

성공을 기원합니다.
Mnogo uspjeha!
므노고 우스폐하

행운을 빕니다.
Mnogo sreče!
므노고 스레체

좋은 주말이 되길!
Ugodne blagdane!
우고드노 블라그다네

완쾌를 빕니다.
Dobro se opgravite!
도브로 쎄 오쁘그라비떼

질문

언제?	Kada?	까다
왜?	Zašto?	자슈또
무엇?	što?	슈또
누구	Tko?	뜨꼬
얼마큼?	Koliko~?	꼴리꼬
어디?	Gdje?	그데
언제?	Kada?	까다
어디서?	Otkuda?	오뜨꾸다
어디로?	Kamo?	까모
누구에게?	Komu?	꼬무
누구를?	Koga?	꼬가

어떤?
Koji(Koja, Koje)~?
꼬이 (꼬야, 꼬예)

어떤 종류의~?
Kakav(Kakva, Kakvo)~?
까까브 (까끄바, 까끄보)

얼마나(시간)~?
Koliko dugo~?
꼴리꼬 두고

~가 필요하십니까?
Treba li Vam~?
뜨레발 리 밤

~가 있나요?
Ima li~?
이말 리

어디에~ 위치하고 있나요?
Gdje je~?
그데 예

언제 ~을 받을 수 있나요?
Kada mogu dobiti~?
까다 모구 도비띠

무엇을 원하십니까?
što želite?
슈또 줴ㄹ리떼

이것은 무엇입니까?
što je ovo?
슈또 예 오보

이것이 무엇을 뜻합니까?
što znači ovo?
슈또 즈나취 오보

어디서 ~을 얻을 수 있나요?
Gdje ću dobiti~?
그데 추 도비띠

어디에 ~이 있습니까?
Gdje se nalazi~?
그데 쎄 날라지

여기는 어디입니까?
Gdje smo?
그데 스모

영어(독일어)할 줄 아십니까?
Govorite li engliski(njemački)?
고보리떼 리 엔글리스끼 (네마취끼)

대답

긍정

예
Da.
다

아마도
Mo žda!
모   쥬다

확실히, 틀림없이, 당연하다
Svakako. Naravno.
스바까꼬 　　나라브노

좋습니다
Dobro.
도브로

더할 나위 없는, 아주 좋은
U redu! O.K.!
우 레두! 　오케이!

동의한다.
Slažem se. Pristajem
슬라줴ㅁ 　쎄 　쁘리스따옘

감사합니다.
Hvala
흐발라

무엇이라고요?
Molim?
몰림

이해합니다.
Razumljivo
라주믈리-보

부정

아니오.
Ne.
네

결코(~않다). 조금도(~않다)
Nikada. Nikako.
니까다   니까꼬

불가능하다.
To je nemoguće.
또   예 네모구체

매우 미안하다. 미안하다.
Jako mi je žao. Žao mi je.
야코 미 예 좌오 좌오 미 예

나는 그렇게 생각하지 않는다.
Ne slažem se.
네   슬라줴ㅁ   쎄

죄송합니다.
Oprostite!
오쁘로스띠떼

잠시만 기다리십시오.
Trenutak, molim.
뜨레누따크　몰림

그러고 싶지 않습니다.
Neću.
네추

소개

저를 소개하겠습니다.
Dopustite da se predstavim.
도뿌스띠떼 다 쎄 쁘레드스따빔

~씨(양)을 소개해 드리겠습니다.
Dopustite da Vam predstavim
도뿌스띠떼 다 밤 쁘레드스따빔

gospodina(gospođu)~
고스뽀디나 (고스뽀쥬)

호칭 관련된 단어

(결혼한 여자)	gospođa~(이름)	고스뽀자
(미혼여자)	gospođica~(이름)	고스뽀지짜
(남자)	gospodin~(이름)	고스뽀딘
나의 남편	moj muž	모이 무즈
나의 부인	moja žena	모야 줴나
나의 아들	moj sin	모이 씬
나의 딸	moja kćerka	모야 끄체르까
나의 친구(남자)	moj prijatelj	모이 쁘리야뗄
나의 친구(여자)	moja prijateljica	모야 쁘리야떼리짜

~씨(양)을 소개하게 되어 매우 기쁩니다.
Zadovoljstvo mi je predstaviti Vam
자도볼-스뜨보   미 예 쁘레드스따비띠   밤

gospodina(gospođu)~
고스뽀디나   (고스뽀쥬)

~씨를 소개할까요?
Dopustite da vas upoznam.
도뿌스띠떼   다   바스   우뽀즈남

이분은 ~씨입니다.
To je~
~또 예

성함이 어떻게 되시지요?
Kako Vam je ime, molim?
까꼬 밤 예 이메, 몰림

이름이 뭐니?
Kako se zoveš?
까꼬 쎄 조베슈

나의 이름은 ~입니다.
Zovem se~
조벰 쎄

만나서 반갑습니다.
Drago mi je.
드라고 미 예

몇 살이십니까?
Koliko imate godina?
꼴리꼬 이마떼 고디나

몇 살이니?
Koliko imaš godina?
꼴리꼬 이마슈 고디나

나는 ~살이다.
Imam~
이맘

어디에서 오셨습니까?/어디에서 왔니?
Odakle ste?/Odakle si?
오다끄레 스떼 /오다끄레 씨

나는 ~에서 왔다.
Ja sam iz~
야 쌈 이즈

나는 한국인이다.
Ja sam korejac(남자)/korejacka(여자)
야 쌈 꼬레야쯔 /꼬레야쯔까

어디서 일하십니까?
Gdje radite?
그데 라디떼

직업이 무엇입니까?
Što ste po zanimanju?
슈또 스떼 뽀 자니마뉴

결혼하셨습니까?
Jeste li oženjeni(남자)/udata(여자)?
예스떼 리 오줴녜니 /우다따

가족에 관련된 단어

가족 obitelj 오비뗄

할머니 baka 바까

할아버지 djed 디예드

부모 roditelj 로디뗄

어머니 majka 마이까

아버지 otac 오타쯔

아이(아이들) dete(djeca) 데떼(디예짜)

딸 kćerka 크쳬르까

아들 sin 씬

자매 sestra 쎄스뜨라

형제 brat 브라뜨

감사

감사합니다.
Hvala.
흐발라

매우 감사합니다.
Hvala lijepa.
흐발라   례빠

천만예요.
Nema na čemu.
네마 나 췌무

감사합니다. 기꺼이 응하지요.
Hvala, vrlo rado
흐발라 브를로 라도

감사합니다. 마찬가지이시길.
Hvala, također!
흐발라, 따꼬제르

친절하시군요 감사합니다.
To je ljubazno, hvala.
또 예 류바즈노, 흐발라

기꺼이 하지요!
Vrlo rado!
브를로 라도

최상이군요!
Odlično!
오들리츠노

사과

죄송합니다!
Oprostite!
오쁘로스띠떼

죄송합니다. 유감입니다
Oprostite. Žao mi je.
오쁘로스띠떼　좌오 미 예

괜찮습니다. 신경 쓰지 마십시오
Molim,ništa zato.
몰림　　　니슈따 자또

유감입니다.
Žao mi je/šteta!
좌오 미 예 /슈떼따

의도한 것은 아닙니다.
Nisam tako mislio(남성)(mislila(여성))
니쌈　　따꼬　미슬리오　　(미슬릴라)

부탁

좀 도와주시겠습니까?
Molim Vas možete li mi pomoći?
몰림　　바스　모줴떼　리 미　뽀모치

당신의(너의)말을 이해할 수 없습니다(없다).
Ne razumijem Vas(te)
네　라주미엠　　바스 (떼)

다시 한번 반복해주십시오.
Molim Vas ponovite.
몰림　　바스　뽀노비떼

좀 더 천천히 말씀해주십시오.
Molim govorite malo polakše.
몰림　　고보리떼　　말로　뽈락쉐

이해하겠습니다.
Razumijem
라주미엠

나는 ~을 원한다.
Htio(Htjela 여자)bih~
흐띠오　(흐띠엘라)　　비흐

우리에게 ~을 주십시오.
Dajte nam, molim~
다이떼 남, 몰림

저를 좀 도와주십시오!
Pomozite mi, molim!
뽀모지떼 미, 몰림

나는 ~이 필요하다.
Treba mi~
뜨레바 미

~을 얻을 수 있나요?
Magu li dobiti~?
모구 리 도비띠

~을 보여 줄 수 있나요?
Možete li mi pokazat~?
몰림쥐테 리 미 쁘께쥐떼

저에게 ~(를)을 주십시오.
Molim Vas, dajte mi~
몰림 바스 다이떼 미

저에게 ~에 관해 이야기해 주십시오.
Molim Vas, recite mi~
몰림 바스 레찌떼 미

약속

당신은 내일 특별한 계획이 있습니까?
Imate/Imaš li véć neki plan za sutra?
이마뗄 /이마쉬 리 베츠 네끼 쁠란 자 수뜨라

당신을 저녁식사에 초대해도 되겠습니까?
Mogu li Vas pozivati na večeru?
모굴 리 바스 뽀지바띠 나 베췌루

당신과(너)함께 전시회에(시내구경)가는 것을 허락해주시겠습니까?
Mogu li poći s Vama(tobom)na
모굴 리 뽀치 스 바마 (또봄) 나

izložbu(razgledavanje grada)?
이즐로쥬부 (라즈글레다바녜 그라다)

우리 함께 갈까요?
Hoćemo li po ićzajedno tamo?
호체모 리 뽀치 자예드노 따모

우리 언제 만날까요?
Kada ćemo se naći?
까다 체모 쎄 나치

우리가 너에게 갈까, 네가 나에게 오겠니?
Idemo li k tebi ili meni?
이데모 리 끄 떼비 이리 메니

장소

~가 어디에 있습니까?
Molim Vas, gdje je~?
몰림　　　바스　그데　예

~까지 어떻게 갈 수 있는지 알려주시겠습니까?
Možete li mi reći kako mogu doći do~?
모줴떼　리 미 레치　까꼬　모구　도치　도

죄송합니다, 모르겠습니다.
Žalim, to ne znam
좔림　　또 네 즈남

~로 가는 지름길은 어느 것입니까?
Koji je najkraći put za(do)~?
꼬이　예　나이끄라치　뿌뜨　자 (도)

여기서 먼데요.
Daleko je
달레꼬　　예

여기서 멀지 않습니다.
Nije daleko.
니예　달레꼬

곧장	ravno	라브노
왼쪽으로	lijevo	리예보
오른쪽으로	desno	데스노

(방향) ~로 가십시오.
Podite~
~뽀지떼

첫 번째 / 두 번째 거리
Prva/Druga ulica
쁘르바 /드루가   울리짜

~을(를)건너십시오.
Podite~
뽀지떼

다리	most	모스뜨
광장	trg	뜨르그
거리	ulica	울리짜

그리고 나서 한 번 더 길을 물어보십시오.
Onda pitajte još jednom.
온다　　삐따이떼　요슈 예드놈

어떤 버스(전차)노선이 ~로 갑니까?
Koji autobus(tramvaj)vozi do~?
꼬이　아우또부스　(뜨람바이)　보지　도

숫자

기수 (glavni brojevi)

0 nula 눌라

1 jedan 예단

2 dva 드바

3 tri 뜨리

4 četiri 췌띠리

5 pet 뻬트

6 šest 쉐스트

7 sedam 쎄담

8 osam 오쌈

9 devet 데베트

10 deset 데쎄트

11 jedanaest 예다나에스트

12 dvanaest 드바나에스트

13 trinaest 뜨리나에스트

14 četrnaest 췌뜨르나에스트

15 petnaest 뻬ㄷ 나에스트	**16** šesnaest 쉐스나에스트	**17** sedamnaest 쎄담나에스트
18 osamnaest 오쌈나에스트	**19** devetnaest 데벧나에스트	**20** dvadeset 드바데쎄트
21 dvadeset jedan 드바데쎄트 예단	**30** trideset 뜨리데쎄트	**40** četrdeset 췌뜨르데쎄트
50 pedeset 뻬데쎄트	**60** šezdeset 쉐즈데쎄트	**70** sedamdeset 쎄담데쎄트
80 osamdeset 오쌈데쎄트	**90** devedeset 데베데쎄트	**100** sto 스토
103 sto tri 스토 뜨리	**123** sto dvadeset tri 스토 드바데쎄트 뜨리	**200** dvjesto 드비예스토

300 tristo 뜨리스토	**400** četristo 췌뜨리스토	**500** petsto 뻬스토
600 šesto 쉐스토	**700** sedamsto 쎄담스토	**800** osamsto 오쌈스토
900 devetsto 데벳스토	**1,000** tisuća 띠수챠	**10,000** deset tisuća 데쎄트 띠수챠

5398
pet tisuća tristo devedeset osam
뻬띠 수챠 뜨리스토 데베데쎄트 오쌈

700,000
sedamsto tisúca
쎄담스토 띠수챠

1,000,000
milijun
밀리윤

서수 (redni brojevi)

1. prvi
쁘르비

2. drugi
드루기

3. treći
뜨레치

4. četvrti
췌뜨브르띠

5. peti
뻬띠

6. šesti
쉐스띠

7. sedmi
쎄드미

8. osmi
오스미

9. deveti
데베띠

10. deseti
데쎄띠

20. dvadeseti
드바데쎄띠

30. trideseti
뜨리데쎄띠

31. trideset prvi
뜨리데쎄ㄷ 쁘르비

34. trideset četvrti
뜨리데쎄ㄷ 췌뜨브르띠

100. stoti
스또띠

101. sto prvi
스토 쁘르비

1000. tisućiti
띠수치띠

분수

1/2	(jedna)polovina	뽈로비나
1/3	(jedna)trećina	뜨레치나
1/4	(jedna)četvrtina	췌뜨브르띠나
1/5	(jedna)petina	뻬띠나
3/7	tri sedmine	뜨리 쎄드미네

* 소수점 이하의 숫자는 쉼표 ", 를 사용하여 표시하고 쉼표는 **zarez** 자레즈"(의미:'comma'), 또는 "**cijelih** 찌옐리흐"(의미:"전체")라 읽는다.

0,72 nula zarez sedamdeset dva
눌라 자레즈 쎄담데쎄ㄷ 드바
(nula cijelih sedamdeset dva)
(눌라 찌옐리흐 쎄담데쎄ㄷ 드바)

0,123 nula zarez sto dvadeset tri
눌라 자레즈 스토 드바데쎄ㄷ 뜨리
(nula cijelih sto dvadeset tri)
(눌라 찌옐리흐 스토 드바데쎄ㄷ 뜨리)

기타 주요 숫자표현

한번   jednom, jedanput
       예드놈   예단뿌트

두번(째) dva puta
        드바 뿌따

세번(째) tri puta
        뜨리 뿌따

* 이 이후의 표시는 같은 방법으로 기수사에 **put**을 붙인다

단독   jednostruko   예드노스뜨루꼬

쌍   dvostruko   드보스뜨루꼬

더 많은 više   비쉐

더 적은 manje   마녜

시간

몇 시입니까?

몇 시입니까?
Koliko je sati?
꼴리꼬   예 싸띠

정확하게(대략)~시입니다
Točno(Otprilike)~
또츄노   (오뜨쁘릴리께)

3시입니다.
tri sata
뜨리 싸따

3시 5분입니다.
tri i pet
뜨리 이 뻬트

3시 10분입니다.
tri(sata)i deset.
뜨리(싸따) 이 데쎄트

3시 15분입니다.
tri i četvrt.
뜨리 이 췌뜨브르뜨

3시 30 분입니다.
tri i po.
뜨리이 뽀

4시 15분전입니다.
četvrt do četiri.
췌뜨브르뜨 도 췌띠리

4시 5분전입니다.
pet do četiri.
뻬트 도 췌띠리

정오입니다.
podne.
뽀드네

자정입니다.
ponoć.
뽀노치

몇 시에?

몇 시에(언제)?
U koliko sati?(Kada?)
우 꼴리꼬   싸띠 (까다)

1시에(2 시에)
U jedan sat(dva sata)
우 예단   싸트 (드바 싸따)

4시 경에
Oko četiri sata.
오꼬   췌띠리 싸따

2시간 후에
Za dva sata
자   드바 싸따

3시와 4시 사이에
Između tri i četiri
이즈메쥬   뜨리 이 췌띠리

얼마나 오래동안?

얼마나 오래동안?
Koliko dugo?
꼴리꼬   두고

2시간(동안)
Dva sata
드바   싸따

10시부터 11시까지
Od deset do jedanaest
오드   데쎄트   도   예다나에스트

5시 까지
Do pet sati
도   뻬트   싸띠

언제부터?

언제부터?
Otkad(a)?
오트까다

아침 8시부터
Od osam sati ujutro
오드 오쌈   싸띠 우유뜨로

30분전부터
Već pola sata
베치 뽈라   싸따

일주일전부터
Već tjedan dana
베치 띠예단   다나

날짜

오늘은 몇 일 입니까?
Koji je danas datum?
꼬이   예   다나스   다뚬

오늘은 5월 1일입니다.
Danas je prvi svibnja.
다나스   예   쁘르비   스비브냐

요일

월요일	ponedjeljak	뽀네데략
화요일	utorak	우또락
수요일	srijeda	스리예다
목요일	ćetvrtak	췌뜨브르딱
금요일	petak	뻬딱
토요일	subota	수보따
일요일	ned jelja	네델랴

계절

봄	proljéće	쁘롤레체
여름	ljeto	례또
가을	jesen	예센
겨울	zima	지마

달

1월 **siječanj**(januar)
씨예촨- (야누아르)

2월 **veljača**(februar)
벨랴챠 (페브루아르)

3월 **ožujak**(mart)
오쥬악 (마르뜨)

4월 **travanj**(april)
뜨라반- (아쁘릴)

5월 **svibanj**(maj)
스비반- (마이)

6월 **lipanj**(jun)
리빤- (윤)

7월 **srpanj**(jul)
스르빤- (율)

8월 **kolovoz**(august)
꼴로보즈 (아우구스뜨)

9월 **rujan**(septembar)
루안 (쎄프뗌바르)

10월	**listopad**(oktobar) 리스또빠드 (옥또바르)	
11월	**studeni**(novembar) 스뚜데니 (노벰바르)	
12월	**prosinac**(decembar) 쁘로시나쯔 (데쩨ㅁ바르)	

시기에 따른 단어 정리

날	dan	단
주중	radni dan	라드니 단
휴일	praznik	쁘라즈닉
주	tjedan	띠예단
달	mjesec	몌세쯔
년	godina	고디나

한국어	Croatian	발음
오늘	danas	다나스
어제	jučer	유췌르
내일	sutra	수뜨라
늦게	kasno	까스노
일찍	rano	라노
항상	uvijek	우비엑
요일에	u nedjelju	우 네델류
이번 주	ovog tjedna	오보그 떼드나
지난 월요일	proglog ponedjeljka	쁘로글로그 뽀네디엘-까
내일 아침	sutra ujutro	수뜨라 우유뜨로
내일 저녁	sutra	수뜨라
모레	preksutra	쁘렉수뜨라
지금	sada	싸다
매일	svakog dana	스바코그 다나
내년에	iduće godine	이두체 고디네
주말동안	preko vikenda	쁘레코 비켄다
때때로	ponekad	뽀네까드
즉시	uskoro	우스꼬로
매 시간마다	svakog sata	스바코그 싸따
일주일 동안	u tijeku tjedna	우 띠예꾸 떼드나
아침에	ujutro	우유뜨로
오전에	do podne	도 뽀드네
점심때쯤	oko podne	오꼬 뽀드네
오후에	po podne	뽀 뽀드네
저녁에	na večer	나베췌르
한밤중에	noću	노츄

공휴일/기념일

전통적인 가톨릭 국가인 크로아티아에는
종교와 관련된 휴일이 많다

새해
Nova godina
노바 고디나

공현절
Sveta tri kralja
스베따 뜨리 끄랄랴

재의 수요일 전날인 화요일
Pokladni utorak
뽀끄라드니 우또락

재의 수요일
Pepelnica
빼빼ㄹ니찌

그리스도 수난의 날(부활제 전의 금요일)
Veliki petak
벨리키 뻬딱

부활절
Uskrs
우스크르스

부활절 월요일
Uskrsni ponedjeljak
우스크르스니 뽀네델랴

노동절
Prvi svibani
쁘르비 스비바니

(그리스도)승천일
Spasovo
스파소보

오순절
Duhovi
두호비

오순절의 월요일(둘째날)
Duhovski ponedjeliak
두호브스끼 뽀네델럄

성체일
Tijelovo
띠옐로보

마리아 승천일(8월 15일)
Velika Gospa
벨리까 고스빠

가장 신성한날(12월 1일)
Svi sveti
스비 스베띠

크리스마스 전 날밤
Badnjak
바드냑

크리스마스
Božić.
보쥐치

12월 31일.
Silvestrovo.
실베스트로보

날씨

오늘 날씨가 어떤가요?
Kakvo će vrijeme biti danas?
까끄보 체 브리예메 비띠 다나스

비가 온다.
Pada kiša.
빠다 끼샤

눈이 온다.
Pada snijeg.
빠다 스니예그

좋을 겁니다/나쁠 겁니다.
Ostat će lijepo/ružno.
오스따 체 리예포 /루쥬노

따뜻할 겁니다
Bit će toplije./hladnije.
비 체 또쁠리예 /흘라드니예

추울 겁니다
Bit će hladnije.
비 체 흘라드니예

비가 온답니다.
Kažu da će padati kiša.
까쥬 다 체 빠다띠 끼샤

눈이 온답니다.
Kažu da će padati snijeg
까쥬 다 체 빠다띠 스니예그

오늘 몇 도나 되지요?
Koliko je danas stupnjeva?
꼴리꼬 예 다나스 스뚜쁘녜바

영상 20도 입니다.
Dvadeset stupnjeva Celzijevih.
드바데쎄트 스뚜쁘녜바 쎄지예비흐

크로아티아 회화 **69**

날씨 단어 정리

한국어	크로아티아어	발음
구름낀	oblačan	오블라찬
번개	munja	무냐
천둥	grmljavina	그르믈랴비나
물	oseka	오세까
홍수	plima	쁠리마
혹한	mraz	므라즈
벼락	oluja	올루야
우박	poledica	뽈레디짜
더운	vrući	브루치
폭염	vrućina	브루치나
추운	hladan	흘라단
날씨	klima	끌리마
공기	zrak	즈락
축축한	mokar	모카르
안개	magla	마글라
비	kiša	끼샤
눈	snijeg	스니예그
무더운	sparan	스빠란
태양	sunce	쑨쩨
온도	temperatura	뗌뻬라뚜라
건조함	suša	쑤샤
범람	poplava	뽀쁠라바
따듯한	topao	또빠오
변덕스러운	promjenljiv	쁘롬리브
바람	vjetar	베타르
구름	oblak	오블락

03

도착까지

한국과 크로아티아 사이에 무비자 협정이 체결되어 90일 동안은 무비자로 크로아티아를 자유롭게 왕래할 수 있다. 서유럽의 다른 국가를 먼저 방문하고 입국하고자 할 경우는 비행기 외에 기차, 배, 버스 등을 이용할 수 있는데 초행일 경우는 비행기나 기차를 이용하는 것이 좋다. 기차는 독일(뮌헨), 오스트리아(비엔나), 헝가리(부다페스트) 등에서 하루에 두 번씩 있으며, 저녁에 이동할 경우 추가요금을 지불하고 침대칸을 이용하는 것이 좋다.

출입국·세관에서

크로아티아는 경제에서 관광산업이 차지하는 비중이 높은 만큼 외국인관광객 유치에 대해 매우 적극적이다. 이러한 배경으로 외국인 관광객에 대한 세관검사는 비교적 간단한 편이다. 비행기를 이용할 경우 신고 물품이 없으면 파란색표시가 있는 비신고 창구를 통해 나가면 된다. 이때 의심되는 입국자만 검사하는 것이 일반적이니 자연스럽게 통과하면 된다. 자동차나 기차를 이용하는 경우 국경에서 비자와 세관검사를 함께 하는데 간단한 구두 문답으로 행해지는 것이 일반적이다.

여권을 제시하십시오.
Vašu putovnicu, molim!
바슈 뿌또브니쭈 몰림

크로아티아에 얼마나 머무를 계획이십니까?
Koliko namjeravate ostati u Hrvatskoj?
꼴리꼬 나메라바떼 오스따띠 우 흐르바쯔꼬이

3주 정도 머무를 예정입니다. 여행객입니다.
Namjeravam ostati oko tri tjedna.
나메라밤 오스따띠 오꼬 뜨리 띠예드나
Ovđe sam kao turist.
오브디예 쌈 까오 뚜리스뜨

비자가 있습니까?
Imate li vizu?
이마떼 리 비주

비자(체류허가증)가 있어야되나요?
Moram li imati vizu(dozvolu boravka)?
모람 리 이마띠 비주 (도즈볼루 보라브까)

신고할 물품이 있습니까?
Imate li što za prijaviti?
이마떼 리 슈또 자 쁘리야비띠

예, 카메라를 신고합니다.
Da, želim prijaviti kameru.
다 줴르림 쁘리야비띠 까메루

아니오, 신고할 물품이 없습니다.
Ne, nemam ništa za prijaviti.
네 네맘 니맘 자 쁘리야비띠

아니요, 선물 몇 개가 전부입니다.
Ne, imam samo nekoliko poklona.
네 이맘 사모 네꼴리꼬 뽀끌로나

담배나 브랜디, 와인이 있나요?
Imate li cigareta, rakije, vina?
이마떼 리 찌가레따 라키예 비나

가방을 여십시오.
Izvolite otvoriti prtljažnik.
이즈볼리떼 오뜨보리띠 쁘르뜰랴쥬닉

이것들은 개인 소지품들입니다.
Ovo su stvari za osobnu uporabu.
오보   수 스뜨바리 자 오스노브누   우뽀라부

이 가방을 여십시오.
Izvolite otvoriti ovaj kovčeg.
이즈볼리떼   오뜨보리띠   오바이 꼬브첵

세금을 얼마나 내야하나요?
Koliko carine moram platiti?
꼴리꼬   짜리네   모람   쁠라띠띠

당신은 ~만큼의 세금을 내야합니다.
Morate platiti~
모라떼   쁠라띠띠

출입국 관련용어

한국어	크로아티아어	발음
출국	izvoz	이즈보즈
입국	uvoz	우보즈
여행지	ulazak u zemlju	울라작 우 젬류
성	prezime	쁘레지메
이름	ime	이메
결혼전 성	djevojačko prezime	디에보야츠코 쁘레지메 (여성일 경우에만 해당됨)
가족상황	bračno stanje	브라취노 스따녜
미혼	neoženjen(남) neudata(여)	네오줴녠 네우다따
결혼	oženjen(남) udata(여)	오줴녠 우다따
운전면허증	vozačka dozvola	보자취카 도즈보라
생년월일	datum rođenja	다뚬 로제냐
출생지	mjesto rođenja	미예스또 로ㅈ냐
유효기간	važeći	보줴치
국가기호	oznaka države	오즈나카 드르좌베
신분증	osobna iskaznica	오소브나 이스까즈니짜
여권	putovnica	뿌또바니짜
국적	državljanstvo	드르좌브랴스뜨보
비자	viza	비자
거주지	prebivalište	쁘레비바리슈떼
세관	carina	짜리나
면세	osloboden carine	오스로보줴 짜리네
과세	obvezno se carini	오브베즈노 쎄 짜리니

04

은행/환전소

크로아티아는 화폐는 쿠나를 사용하는데 보통은 환전하는데 2가지 방법이 있다.
먼저, 크로아티아에서 현금카드를 이용해 ATM에서 인출하는 방법과 두번째는 우리나라에 유로화를 환전해 간 후 크로아티아에서 환전하는 방법이 있다. 하지만 현재는 유로화가 통용되기 때문에 유로화로 준비해가도 괜찮다. 일반적으로 은행에서 환전을 할 경우 수수료가 있으므로 작은 돈일 경우 환전소를 이용하는 것이 간편하다. 크로아티아의 화폐단위는 쿠나(Kuna)이고 지폐권으로 1000, 500, 100, 50, 20, 10, 5 쿠나권이 있고 동전으로 5, 2, 1 쿠나가 있다. 작은 동전단위는 리빠(Lipa)이고 20, 10, 5, 2, 1리빠가 있다.

환전소에서

죄송합니다, 가장 가까운 은행/환전소가 어디에 있습니까?
Molim vas, gdje je najbli ža banka
몰림　　바스　그데　예 나이블리 좌 반까

/mjenjačnica?
/몌나추니짜

여기서 환전을 할 수 있나요?
Mogu li ovdje promijeniti novac?
모굴　리 오브데　쁘로미예니띠　노바쯔

유로 환율이 어떻지요?
Kakav je tečaj američka Euro?
까까브　예 떼촤이 아메리추까　유로

은행에서

(은행)구좌를 개설하고 싶습니다.
Želim otvoriti račun.
쥐르림   오뜨보리띠   라춘

입금(출금)하고자 합니다.
Želim uplatu(isplatu).
쥐르림   우쁠라뚜 (이스쁠라뚜)

마르크를 쿠나로 환전하고 싶습니다.
Želim promijeniti marke u kune.
쥐르림   쁘로미예니띠   마르케   우쿠네

이 여행자수표를 현금화하려고 합니다.
Želim unovčiti ovaj putnički ček.
쥐르림   우노브취띠   오바이   뿌뜨니추키   첵

나는 한국으로 송금을 하려합니다.
Želim poslati novac u Korjeu.
쥐르림   뽀슬라띠   노바쯔   우 꼬레유

여권을 보여주십시오.
Molim Vaš putovnicu.
몰림   바슈   뿌또브니쭈

78 여행필수

여기에 사인을 하십시오.
Potpišite ovđe, molim.
뽀뜨삐쉬떼 오브제 몰림

유로 100유로면 얼마나 됩니까?
Koliko ću dobitiza 100 američkih Euro?
꼴리꼬 추 도비띠자 슈또 아메리추끼흐 유로

50유로를 쿠나로 환전하고 싶습니다.
Želim promijeniti 50
줴르림 쁘로미예니띠 뻬데쎄트

američkih Euro u kune.
아메리추끼흐 유로 우 꾸네

수표를 바꾸려고합니다.
Unovčite mi ovaj ček, molim.
우노브취떼 미 오바이 첵 몰림

화폐단위

쿠나와 리파

지난 2013년에 EU 국가에 가입하였지만 작은 상점이나 노점에서는 쿠나만 받으며, 유로를 받는다 해도 가격을 비싸게 받거나 거스름돈을 주지 않으니 유의해야 한다. 쿠나 환전은 크로아티아 내 은행과 환전소, 우체국에서 가능하고, 시내 곳곳에 ATM 기기가 설치되어 있어 현지에서 출금하는 것도 가능하다.

쿠나(KUNA)는 1쿠나(Ku)부터 1000쿠나(Ku)까지 지폐가 있고, 1, 2, 5, 25쿠나(Ku) 동전, 50, 20,10, 5, 1 리파(LIPA)의 작은 동전이 있다.

직불카드&신용카드

크로아티아 화폐 쿠나(Kn)는 다른 나라에서 통용이 안되므로 다른 유럽국에서 사용이 불가능 하다. 다시 환전을 하기에는 수수료 비용이 커서 계획된 도 외에는 직불카드나 신용카드를 사용하는 것도 좋다. 단, 체크카드의 경우는 간혹 은행 점검시간에는 결제가 안 되는 경우도 발생할 수 있으며, 카드별 수수료의 차이도 있으니 비교하고 사용한다.

관련 단어

한국어	크로아티아어	발음
돈	novac	노바쯔
이자	kamata	까마따
통화	valuta	발루따
현금	gotovina	고토비나
영수증	potvrda	뽀뜨브르다
동전	kovanica	꼬바니짜
기입용지	formular	포르물라르
지폐권	novčanica	노브차니짜
합(총액)	iznos	이즈노스
서명	potpis	뽀뜨삐스
수표	ček	첵
여행자 수표	putnički ček	뿌뜨니츄키 첵
신용카드	kreditna kartica	크레디뜨나 까르띠짜
창구	blagajna, kasa	브라나, 카사
비밀번호	šifra, tajui broj	브라나, 카사
현금자동인출기	automat za izdavanje navca (ATM) 아우또마뜨 자 이다반헤 노바짜	
환율	tečaj, kurs	떼차이, 크로스
잔돈	situiš	시뚜이슈

05

도착까지

낯선 지역에서 숙박시설을 이용하고자 할 때는 이에 대한 정보를 여행자안내소에서 얻고 이를 통해 예약을 하는 것도 좋은 방법이다. 여행자 안내소(Turistički ured)에는 그 지역의 숙박시설을 자세히 소개하는 책자가 있는데 이 책자에는 주변호텔의 시설정도와 가격 그리고 위치가 나와있다. 이 표를 참조로 원하는 호텔을 정하고 예약을 하면 쉽게 숙박문제를 해결할 수 있다. 다만 여행자안내소를 이용하여 예약을 할 경우 약간의 수수료를 추가로 지불해야한다.

공항에서 호텔까지

크로아티아에서 택시는 고급 교통수단이며 일반적으로 바가지 요금이 없으며 호텔이나 공항, 역 등 정해진 장소가 아니면 전화로 예약을 하고 이용을 해야한다. 하차시 요금외에 약간의 팁을 주는 것이 예의이다.

택시 정류장이 어디에 있습니까?
Gdje je najbliže taksi-stajalište?
그데   예   나이블리줴   딱씨   스따알리슈떼

역으로 갑시다.
Na kolodvor.
나   꼴로드보르

~호텔로 갑시다.
U hotel~
우　호뗄

~거리로 갑니다.
U~ulici.
우　울리찌

~까지 얼마입니까?
Koliko stoji do~?
꼴리꼬　스또이 도

여기에 세워주십시오.
Stanite ovdje, molim
스따니떼　오브데　몰림

거스름돈은 가지십시오.
Ovo je za Vas.
오보　예 자　바스

TAXI_TIP

크로아티아에서 택시는 한국에서처럼 지나가는 택시를 잡는것이 아니라 전화를 하여 부르는 콜택시가 일반적이다. 보통 콜택시 전화번호는 0608008000이고 시내에 비해 도심외곽에서 부르면 다소 비싼편이다. 또한, 택시회사마다 요금이 차이가 있고 미터기에 신뢰도가 높지 않아 택시기사와 미리 금액을 정하는편이 낫다.

Cammeo Taxi : 1212
Eko Taxi : 1414

크로아티아 회화 **85**

문의 및 예약

호텔/여행관련 안내표시

Telefon u sobi 방에 전화가 있음	Televizor u sobi 방에 TV가 있음
Topla voda 온수가 나옴	Restoran 식당
Grijanje 중앙난방	klima uredaj 에어컨
lift 엘리베이터	privatna plaža 전용백사장
café bar 커피숍	noćni bar 심야바

trajekt 페리		posta 우체국
turistički ured 여행안내소		benzinska pumpa 주유소
Wi-Fi 와이파이		Internet 인터넷

| 좋은 호텔 | dobar Hotel | 도바르 호뗄 |
| 숙소 | neki penzion | 네끼 뻬ㄴ지온 |

호텔안내 책자 좀 주실 수 있습니까?.
Molim Vas možete li mi dati popis hotela?
몰림　　　바스　모줴떼　　리 미 다띠 뽀삐스 호뗄라

제게 ~을 추천하여 주시겠습니까?
Molim Vas možete li mi preporučiti~
몰림　　　바스　모줴떼　　리 미 쁘레뽀루취띠

우리는 침대 3개짜리 방을 구합니다.
Tražimo sobu sa tri kreveta.
뜨라쥐모   소부   싸 뜨리 끄레베따

이곳에 유스호스텔이 있나요?
Ima li ovdje omladinsko svratište?
이마   리 오브데   오믈라딘스꼬   스브라띠슈떼

민박할 수 있는 곳을 알고 있습니까?
Znate li tko ovdje izdaje sobe?
즈나떼   리 뜨꼬 오브데   이즈다예 소베

여기 캠핑장이 있나요?
Ima li ovdje kamp?
이말   리 오브데   깜프

호텔에서

크로아티아의 호텔등급은 우리와 달리 L,A,B,C등으로 표시되며 L 등급이 특급호텔이고 A,B,C 순으로 내려간다

체크 인

방을 예약했는데요.
Rezervirao sam kod Vas sobu.
레제르비라오   쌈   꼬드 바스 쏘부

나의 이름은~
Moje ime je~
모예   이메 예

아직 빈방이 있나요?
Imate li još slobodnih soba?
이마떼   리 요슈 슬로보드니호   쏘바

하루밤 지낼
za jednu noći
자 예드누 노치

이틀 지낼
za dva dana
자 드바 다나

일주일 지낼
za jedan tjedan
자 예단 떼단

죄송합니다, 빈 방이 없습니다.
Ne, na žalost, sve je popunjeno
네 나 좔로스뜨 스베 예 뽀뿌녜노

예, 어떤 종류의 방을 원하십니까?
Da, kakvu sobu želite?
다 까끄부 쏘부 쮈리떼

침대 한 개 있는 방
jednokrevetnu
예드노끄레베뜨누

침대 두 개 있는 방
dvokrevetnu sobu
드보끄레베뜨누 쏘부

조용한 방
mirnu sobu
미르누　　쏘부

샤워할 수 있는 방
sobu s tušem
쏘부　　스 뚜솀

욕조 있는 방
s kupaonicom
스 꾸빠오니쫌

바다 쪽으로 나 있는 방
s pogledom na more
스 뽀글레돔　　　나　모레

방을 볼 수 있을까요?
Mogu li pogledati sobu?
모굴　　리　뽀글레다띠　쏘부?

얼마입니까?
Koliko je to?
꼴리꼬　　예　토?

아침식사를 포함해서?
doručkom?
도루츄꼼

아침과 저녁을 포함해서
polupenzionom?
뽈루뻬ㄴ지오놈

3끼를 포함해서
punim penzionom?
뿌님   뻬ㄴ지오놈

언제부터 아침식사를 할 수 있습니까?
Od kada se daje doručak?
오드 까다   쎄 다예   도루착

식당이 어디에 있습니까?
Gdje je blagovaonica?
그데   예 블라고바오니짜

내일 ~시에 깨워주십시오!
Molim Vas probudite me ujutro u~
몰림   바스   쁘로부디떼   메   우유뜨로 우

침대하나를 더 놓아줄 수 있나요?
Možete li jo šstaviti treči krevet?
모줴떼   리 요슈 스따비띠   뜨레체 크레베뜨

열쇠 여기 있습니다.
Molim moj ključ.
몰림   모이   끌류치

불편신고

방 청소가 되지 않았군요.
Soba nije počišćena.
쏘바   니예   뽀취슈체나

수도 꼭지가~	Slavina	쓰라비나
샤워기가~	Tuš	뚜슈
화장실이~	Ispiranje	이스삐라녜
난방이~	Grijanje	그리야녜
조명이~	Svjetlo	스볘뜰로

작동하지 않습니다.
ne radi.
네   라디

(더운)물이 나오지 않는군요.
Nema(tople)vode.
네마   (또쁠레)   보데

화장실(욕조)이(가)막혔습니다.
Zahod(Umivaonik)je začepljen.
자호드   (우미바오닉)   예   자췌쁠렌

체크 아웃

오늘밤(내일) ~시에 나갑니다.
Putujem večeras(sutra) u~sati.
뿌뚜옘   베췌라스   (수뜨라) 우 싸띠

계산해 주세요.
Molim Vas pripremite mi račun.
몰림   바스   쁘리쁘레미떼   미   라춘

신용카드로 계산해도 됩니까?
Mogu li platiti s kreditnom karticom?
모굴   리 쁠라띠띠 스 끄레디뜨놈   까르띠쫌

모든 것에 감사 드립니다, 안녕히 계십시오.
Hvala lijepa na svemu. Do viđenja.
흐발라   리예빠 나 스베무   도   비제

유스호스텔에서

침낭을 빌려주나요?
Mogli kod Vas unajmiti vreću za spavanje?
모글리 꼬드 바스 우나이미띠 브레추 자 스빠바녜

침대보를 빌려주나요?
Mogli kod Vas unajmiti posteljinu?
모글리 꼬드 바스 우나이미띠 뽀스뗄리누

입구는 저녁 12시에 폐쇄됩니다.
Ulazna vrata zatvaraju se u 24 sata.
울라즈나 브라따 자뜨바라유 쎄 우 드바데셋 췌띠리 싸따

유스호스텔 관련 단어

유스호스텔	omladinsko svratište	오므라딘스꼬 스브라띠슈떼
유스호스텔카드	iskaznica za omladinsko svratište	이스까즈니짜 자오믈라딘스코 스브라띠슈떼
유스호스텔회원증	članska karta	츌란스까 까르따
침실	spavaonica	스빠바오니짜
학생기숙사	studentski dom	스뚜덴스끼 돔
공동휴계실	dnevni boravak	드네브니 보라박
세탁실	umivaonica	우미바오니짜

06

방문

크로아티아에서 다른 집을 방문할 때는 일반적으로 작은 선물을 가져가는 것이 예의이며 여자일 경우 꽃을, 남자일 경우 술 종류(와인 또는 위스키)를 가져가는 것이 좋고 어린이가 있을 경우 이들을 위한 작은 선물도 잊지 말자.

방문할 때

저에게 한번 방문해 주십시오.
Dođite nam u goste !
도지떼   남   우 고스떼

기꺼이 가겠습니다. 언제가 좋겠습니까?
Vrlo rado! Kada vam odgovara?
브를로 라도   까다   밤   오드고바라

죄송합니다.(우리는)토요일은 곤란한데요
Nažalost, ne mo žemo u subotu.
나 좔로스트   네 모   줴모   우 수보뚜

우리들은 다른 계획이 있습니다.
Imamo neke planove.
이마모   네께   쁠라노베

우리들은 기꺼이 월요일에 방문하겠습니다.
Mi bi vas rado pojetili u ponedjeljak.
미 비 바스 라도   뽀예띨리   우 뽀네데략

늦어서 죄송합니다.
Oprostite što kasnimo.
오쁘로스띠떼   슈또 까스니모

들어오십시오, 여기 앉으십시오.
Izvolite, uđite, sjedite!
이즈볼리떼 우지떼 셰디떼

외투(점퍼/신발)을 벗으십시오.
Skinite kaput(jaknu/cipele)se.
스끼니떼 까뿌트 (야끄누 /찌뻬레) 쎄

와주셔서 감사합니다.
Raduje nas što ste došli
라두예 나스 슈또 스떼 도슐리

이 곳에 방문해주셔서 감사합니다.
Raduje nas što ste nas pozvali.
라두예 나스 슈또 스떼 나스 뽀즈발리

매우 즐거운 시간이었습니다.
Bilo nam je veoma lijepa(sa vama).
빌로 남 예 베오마 리예빠 (싸 바마)

당신들의 친절함에 감사드립니다.
Hvala vam na gostoprimstvu.
흐발라 밤 나 고스또쁘림스뜨부

모든 것에 감사드립니다.
Puno hvala na svemu.
뿌노 흐발라 나 스베무

07

교통/여행

시내에는 주차난이 심하며 크로아티아인들은 성미가 매우 급하고 과속 운전과 양보를 하지 않는 경향이 있다. 또한 시내 도로를 트램(전차)을 이용하기 때문에 보행과 운전 시 조심해야 된다.

길을 물을 때

죄송합니다, 옐라치차 광장이 어디 있습니까?
Oprostite, Gdje je Trg bana Jelačića?
오쁘로스띠떼. 그데 예 뜨르그 바나 옐라취차

이 지도상에서 제가 어디 있는 거지요?
Gdje sam na planu grada?
그데 쌈 나 쁠라누 그라다

가장 가까이 있는 ~어디 있습니까?
Gdje je najbliža~
그데 예 나이블리좌

이 길이 ~로(자그레브로)가는 길입니까?
Je li ovo put za(Zagreb)?
예 리 오보 뿌트 자 (자그레브)

똑바로 가십시오.
Idite(vozite)ravno.
이디떼 (보지떼) 라브노

왼쪽(오른쪽)으로 도십시오.
Skrenite lijevo(desno).
스그레니떼 리예보 (데스노)

크로아티아 회화

왼쪽에 있는 첫 번째(두번째)거리입니다.
Prva(druga)ulica lijevo.
쁘르바 (드루가)   울리짜 리예보

다음 신호등에서 오른쪽으로 도십시오.
Skrenite desno na slijedećem semaforu.
스끄레니떼   데스노   나   슬리예데쳄   세마포루

장소 관련 단어

시내지도	plan grada	쁠란 그라다
공원	park	빠르크
교외	predgrade	쁘레드그라제
공장	tvornica	뜨보르니짜
거리	ulica	울리짜
시장	tržnica	뜨르쥬니짜
광장	trg	뜨르그
가게	trgovina	뜨르고비나
모퉁이, 구석	ugao	우가오
영화관	kino	키노
다리	most	모스트
극장	kazalište	까잘리슈떼
우체국	pošta	뽀슈따
강	rijeka	리예까
전차 역이	tramvajska stanica	뜨람바이스카 스따니짜
호수가	jezero	예제로
광장이	trg	뜨르그

여행

안내와 티켓
Informacije i vozne karte
인포르마찌예　　이 보즈네　까르떼

여행안내소가 어디 있습니까
Gdje je ured za informacije?
그데　예 우레드 자 인포르마찌예

나는 ~로 가고자 합니다.
Želim ići u~(도시)/na~(섬).
줴르림　이치 우~　/나~

어디서 ~행 표를 구할수 있나요?
Gdje mogu kupiti kartu za~?
그데　모구　꾸삐띠　까르뚜 자

이 버스(기차, 비행기)가 ~로 갑니까?
Vozi li ovaj autobus(vlak, tramvaj)za~?
보지 리 오바이 아우또부스 (블락, 뜨람바이)　자

요금이 얼마입니까?
Koliko košta vozna karta?
꼴리꼬　꼬슈따　보즈나　까르따

편도(왕복)비행요금은 얼마입니까?
Koliko košta karta u jednom
꼴리꼬   꼬슈따   까르따   우 예드놈

smjeru(povratna karta)?
스미예루   (뽀브라뜨나 까르따)

~행 다음 기차(버스, 비행기)는 언제 출발합니까?
Kada polazi slijedéći vlak(autobus, avion)za~?
까다   뽈라지   슬리예데치   블락   (아우또부스,   아비온)   자~

언제 기차(버스, 비행기)가 ~에 도착합니까?
Kada vlak(autobus, avion)stiže u~?
까다   블락   (아우또부스,   아비온)   스띠줴 우

1등석(2등석, 일반석)한 장 부탁합니다.
Jednu kartu prve klase(druge klase, turistike
예드누   까르뚜   쁘르베 끌라쎄   (드루게 끌라쎄,   뚜리스띠추케

klase), molim.
끌라쎄),   몰림

표 한 장(두장, 세장, 네장)부탁합니다~
Jednu kartu,(dvije, tri, četiri)karte, molim.
예드누   까르뚜   (드비예,   뜨리, 췌띠리)   까르떼   몰림

출발, 도착, 시간표.
Odlazak, Dolazak, Vozni red.
오들라작   돌라작   보즈니   레드

교통 관련 단어

한국어	크로아티아어	발음
기차길	željeznica	제레즈니짜
페리	trajekt	뜨라엑뜨
기차역	kolodvor	꼴로드보르
배	brod	브로드
매표소	blagajna	블라가이나
보트	čamac	차마쯔
표	karta	까르따
선실, 캐빈	kabina	까비나
플랫폼, 승강장	peron	뻬론
바다	more	모레
선로	kolosjek	꼴로섹
해안	obala	오발라
대기실	čekaonica	췌까오니짜
화장실	zahod	자호드
여자 -	ženski	젠스키
남자 -	muški	무슈키
구획실	odjeljak	오제략
좌석	sjedalo	셰달로

비행기 여행

~항공사 창구가 어디에 있습니까?
Gdje se nalazi šalter zrakoplovne
그예   쎄   날라지   샬떼르   즈라코쁠로브네
tvrtke/kompanije~?
뜨브르트케   /꼼빠니예

~로 향하는 다음 비행기가 언제 출발합니까?
Kada polazi slijedeči zrakoplov(avion)za~?
까다   뽈라지   슬리예데치   즈라코쁠로브   (아비온)   자

~편 편도예약 부탁드립니다.
Htio(Htjela 여자)bih rezervirati let u jednom
흐띠오 (흐띠옐라)   비흐   레제르비라띠   레트 우 예드놈
smjeru za~
스몌루   자

~편 왕복 항공권 예약 부탁드립니다.
Htio(Htjela 여자)bih rezervirati povratni let
흐띠오 (흐띠옐라)   비흐 레제르비라띠   뽀브라뜨니   레트
za~
자

아직 좌석이 남아습니까?
Ima li jo šslobodnih mjesta?
이말 리 요슈 슬로보드니흐 몌스따

이 비행(일정)을 변경하고자 합니다.
Htio(Htjela여자)bih promijeniti ovaj let
흐띠오 (호띠옐라) 비흐 쁘로미예니띠 오바이 레트

이 비행을 취소하려합니다.
Htio(Htjela여자)bih otkazati ovaj let.
흐띠오 (호띠옐라) 비흐 오트까자띠 오바이 레트

이 수하물을 기내로 가지고 들어갈 수 있나요?
Mogu li ovo ponijeti kao rućnu prtljagu?
모구 리 오보 뽀니예띠 까오 루츄누 쁘르뜰랴구

~발 비행기가 연착입니까?
Da li kasni zrakoplov(avion)za~?
달 리 까스니 즈라코쁠로브 (아비온) 자

여행가방을 분실하였습니다.
Moja se prtljaga izgubila.
모야 쎄 쁘르뜰랴가 이즈구빌라

가방이 손상되었는데요.
Moj je kovčeg oštećen
모이 예 코브체그 오슈떼첸

공항 관련 단어

한국어	크로아티아어	발음
도착시간	vrijeme dolaska	브리예메 돌라스카
~로 연결된다	vezati se~	베자띠 쎄
안전벨트	polas za vezivanle	뽈라스 자 베지반레
외국항공	inozemni letovi	이노젬니 레또비
국내항공	domaći letovi	도마치 레또비
보딩	u zrakoplovu (avionu)	우 즈라꼬쁠로부 (아비오누)
보딩티켓	karta za ukrcaj	까르따 자 우끄르짜이
예약	rezervacija	레제르바찌야
직항노선	direktni let	디렉뜨니 레트
창가자리	sjedalo uz prozor	셰달로 우즈 쁘로조르
수하물 발송(처)	otprema prt1jage	오뜨쁘레마 쁘르뜔랴게
수하물 인도(처)	izdavanje prt1jage	이즈다바니예 쁘르뜔랴게
공항이용료	aerodromska taksa /pristojba	아에로드롬스카 딱싸 / 쁘리스또이바
휴대수하물	ružna prtljaga	루추나 쁘르뜔랴가
금연	nepušači	네뿌사취
창구	šalter	샬떼르
승객	putnik	뿌뜨닉
비행사	Pilot	삘로뜨
비상구	izlaz za nuždu	이즐라즈 자 누쥬두
(예약)취소	otkazati	오뜨까자띠
(예약)변경	promijeniti rezervaciju	쁘로미예니띠 레제르바찌유
연착	zaka njenje	자까쥬녜녜
면세점	bescarinska trgovina /djuti fri šop	

기차 여행

기차 좌석 예약할 수 있으며 예약할 경우 추가 비용을 지불해야 한다. 좌석 예약을 하지 않고 탑승할 경우 좌석위 짐칸에 붙어 있는 예약 확인 표시를 보고 예약하지 않은 자리에 앉는 것이 좋다.

~가는 기차가 언제 출발합니까?
Kada polazi slijededći vlak za~?
까다   뽈라지   슬리예데치   블라크   자

~까지 2등석(1등석)편도 한 장 부탁합니다.
Molim jednu kartu u jednom smieru
몰림   예드누   까르뚜   우 예드놈   스미에루
drugog razreda(prvog razreda)za~
드루고그 라즈레다 (쁘르보그 라즈레다)   자

~행 왕복표 두 장 부탁합니다.
Molim dvije povratne za.
몰림   드비예   뽀브라뜨네   자

학생할인이 있습니까?
Ima li popusta za studente?
이말 리 뽀뿌스따   자 스뚜덴떼

크로아티아 회화 **109**

~행 ~시 기차 좌석을 예약하려 합니다.
Molim jednu rezervaciju za vlak u~(시간)
몰림 예드누 레제르바찌유 자 블락 우~
sati za~(장소).
싸띠 자~

~발 기차가 연착입니까?
Kasni li vlak iz~?
까스닐 리 블락 이즈

~에서 ~행 기차로 연결이 됩니까?
Imam li u~(연결장소)vezu za~(목적지)?
이맘 리 우~   베주 자~

갈아타야만 합니까?
Moram li presjedati?
모람 리 쁘레셰다띠

어디서 갈아타야 됩니까?
Gdje moram presjedati?
그데 모람   쁘레셰다띠

몇 번 선로에서 ~행 기차가 출발합니까?
S kojeg kolosijeka polazi vlak za~?
스 꼬예그   꼴로시예까   뽈라지   블락   자

죄송합니다, 빈자리 입니까?
Oprostite, je li to mjesto još slobodno?
오쁘로스띠떼   옐 리 또   몌스또   요슈 슬로보드노

이 기차가 ~에 정차합니까?
Staje li ovaj vlak u~?
스따옐 리 오바이 블락   우

기차 관련 단어

한국어	크로아티아어	발음
출발	odlazak	오들라작
출발시간	vrijeme odlazka	브리예메 오들라스카
기차칸	odjeljak (kupe)	오델략(꾸뻬)
정차	zadriavanje	자드리아바녜
중앙역	glavni kolodvor	글라브니 꼴로드보르
기차역	kolodvor	꼴로드보르
기차역 식당	kolodvorski restoran	꼴로드보르스키 레스또란
창가자리	mjesto uz prozor	몌스또 우즈 쁘로조르
선로	kolosijek	꼴로시엑
식당칸	vagon-restoran	바곤-레스또란
침대칸	vagon za spavanje	바곤 자 스빠바니예
화장실	toalet (zahod)	또알레트(자호드)
추가요금	nadoplata	나도쁠라따
할인	popust	뽀뿌스트
어린이표	dječja karta	데챠 까르따

자동차 여행

운전에 자신이 있고 유럽여행경험이 있는 사람이라면 자유롭게 이동이 가능한 렌터카를 이용하는 것도 속속들이 크로아티아의 진면목을 볼 수 있는 좋은 방법이다. 크로아티아에는 대부분의 외국계 렌터카업체가 모두 있으며 전국 지점망을 가진 **Vetura**같은 크로아티아 렌터카업체들도 있다. 가격면에서 외국계 렌터카업체가 좀 비싸나 보험등 서비스를 생각할 때 외국인인 경우 외국계 대형업체를 이용하는 것이 좋다. 일반적으로 호텔라운지에서 이 업체들의 출장소를 찾을 수 있다.

거리가 어느정도 됩니까?
Koliko je to daleko?
꼴리꼬   예 또   다레꼬

이 길이 ~로 향합니다.
Molim Vas je li ovo cesta za~?
모림   바스 예 리 오보   쩨스따   자

~로 가는 고속도로를 어떻게 가지요?
Kako da dodem na auto-cesta za~?
카코   다   도드   나 아우또 –쩨스따 자

~까지 곧장 가십시오.
Samo ravno do~
싸모   라브노   도

가까운 곳에 주차할 수 있는 공간이 있습니까?
Ima li u blizini mogućnosti za parkiranje?
이마   리 우 브리지니 모구츠노스띠   자 파르키라네

이 곳에 차를 정차해도 됩니까?
Mogu li ovdje ostaviti auto?
모구   리 오브데   오스따비티   아우또

렌트

나는 이틀(일주일)동안 자동차를 렌트하고 싶습니다.
Htio bih za dva dana(jedan tjedan)unajmiti auto.
흐띠오 비흐 자 드바 다나 (예단 띠예단) 우냐미띠
아우또

차는 종합보험에 들어있습니까?
Je li vozilo osigurano punim kaskom?
예 리 보지로 오시구람노 푸님 카스콤

이 차를 ~(장소)지점에 반납해도 됩니까?
Je li moguće predati vozilo u~?
예 리 모구체 쁘레다띠 보지로 우

주유소

가장 가까운 주유소가 어디 있습니까?
Gdje je najbliža benzinska stanica?
그데 예 나이블리좌 벤진스카 스따니짜

가득 채워주십시오.
Napunite, molim
나푸니떼, 몰림

디젤 / 일반 / 수퍼 200 쿠나어치요.
Molim djzela/benzina/supera za dvjesto kuna.
몰림 디제라 / 벤지나 / 수페라 자 다베스또
쿠나

*크로아티아의 주유소에는 일반(benzin 과 수퍼(super), 유연(solovom)과 무연(bez olovom)등 다양한 종류의 가솔린이 있다. 차량설명서에 어떤 종류의 가솔린을 넣어야하는지 나와있으며 이에 따라 주유하면 된다.

엔진오일 상태 좀 체크해주십시오.
Molim Vas provjerite nivo ulja.
몰림 바스 쁘로베리떼 니보 우랴

타이어 공기압 좀 체크해주십시오.
Molim Vas provjerite tlak u gumama.
몰림 바스 쁘로베리떼 뜨라고 우 구마마

고장/정비

타이어가 펑크 났습니다.
Pukla je guma.
뿌끄라 예 구마

타이어 교환을 도와 주실 수 있습니까?
Možete li mi pomoći da promijenim guma?
모줴떼 리 미 뽀모치 다 쁘로미예님 구마

연료 조금 도와 줄 수 있습니까?
Možete li mi pomoći s malo benzina?
모줴떼 리 미 뽀모치 쓰 말로 벤지나

정비사를 보내줄 수 있습니까?
Molim Vas da li biste mi poslali
몰림 바스 다 리 비스떼 미 뽀스라리
mehaničara?
메하니차라

가장 가까운 주유소까지 안내해 줄 수 있습니까?
Da li biste me povezli do najbliže
다 리 비스떼 미 뽀베지 도 나이브리줴

bezinske stanice?
벤진스케 스따니쩨

가장 가까운 정비소까지 견인해 줄 수 있습니까?
Da li biste me odvukli do najblie radionice?
다 리 비스떼 미 오드부끄리 도 나이브리줴 라디오니쩨

배터리가 방전됐습니다.
Akumulator je prazan.
아쿠무라또르 예 쁘라잔

브레이크가 작동하지 않습니다.
Koćnice ne rade.
꼰츠니쩨 네 라데

~이 고장났습니다.
~je/su u kvaru.
~예 /쑤 우 끄바루

전체적으로 점검해 주실 수 있는지요?
Možete li pogledati?
모줴떼 리 뽀그레다띠

비용이 어느 정도 나올까요?
Koliko će stajati?
꼬리꼬 체 스타야띠

크루즈 여행

크로아티아의 아드리아 해안가에는 여행할 가치가 높은 많은 섬들이 있다. 성수기에는 육지와 가까운 섬들을 한 바퀴 도는 코스, 주요한 섬들에서 숙박을 하며 며칠간을 여행하는 패키지 등 다양한 여행상품들이 있으니 여행 계획에 맞추어 한 번 섬 여행을 하는 것도 크로아티아 관광의 진미를 만끽하는데 도움이 될 것이다.

항구에서

~로 가는 다음 배는 언제 있습니까?
Kada polazi slijedeći brod za~?
까다 뽀라지 스리예데치 브로드 자

건너가는데 얼마 걸립니까?
Koliko traje prijevoz?
꼬리꼬 뜨라예 쁘리예보즈

~에 언제 도착하지요?
Kada pristajemo u~?
까다 쁘리스따예모 우

~(로)가는 표 한 장 주십시오.
Molim jednu brodsku kartu do~
모림 예드누 브로드스꾸 까르뚜 도

~시에 섬들을 순환하는 표 한 장 주십시오.
Htio bih jednu kartuza kružno
흐띠오 비흐 예드누 까르뚜자 끄루쥐노
putovanje u~sati.
뿌또반예 우~ 싸띠

선상에서

식당이 어디 있습니까?
Gdje je blagovaonica?
그데   예   브라고바오니짜

휴게실이 어디 있습니까?
Gdje je salon?
그데   예   싸론

배 멀미를 하는 것 같습니다.
Ne osjećam se dobro.
네   오씨예참   쎄   도브로

배 멀미약 좀 주십시오.
Molim Vas neko sredstvo protiv morske
모림   바스   네꼬   스레드스뜨보   쁘로띠브   모르스께
bolest.
보레스뜨

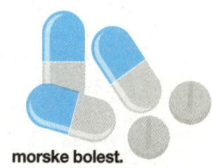
morske bolest.

선박 관련 단어

한국어	크로아티아어	발음
고무보트	hidrogliser	히드로르리세르
구명튜브	pojas za spasavanje	뽀야스 자 스빠사바녜
구조선	čamac za spasavanje	촤마쯔 자 스빠사바녜
기항지	pristanište	쁘리스다니슈떼
나룻배	trajekt	뜨라으뜨
도항	prijevoz	쁘리예보즈
모터보트	motorni čamac	모또르니 촤마쯔
범람(파도)	doticati	도띠짜띠
배멀미	bolestan od morske bolesti	보레스딴 오드 모르스께 보레스띠
승무원	stjuard	스뜌아르드
선상	na brodu	나 브로두
선실	kabina	까비나
선장	kapetan	까뻬딴
순항	krstarenje	끄르스따레녜
승객	putnik	뿌뜨니크
예약	rezervacija	레제르바찌야
접안	izlet na kopno	이즈레뜨 나 꼬쁘노
출발	isploviti	이스쁘로비띠
항구	luka	루까
해안가	obala	오바라

08

식사

크로아티아는 해산물로 요리가 유명하다. 특히, 츠르니 리조또 (오징어먹물리조또), 살라타 오드 호토트니세(문어 샐러드) 등이 유명하고 발칸반도의 맥주 최대 생산국이자 소비국이다. 가격도 저렴하고 도수 낮은 맥주도 있어 다양하게 즐겨보는것도 좋겠다.

카페에서

~을 주십시오.
Molim Vas, dajte mi~
몰림 바스 다이떼 미

~이 있습니까?
Imate li~?
이마떼 리

커피 한잔 부탁드립니다.
Jednu kavu, molim.
예드누 까부 몰림

커피 두 잔(세잔)부탁드립니다.
Dvije(tri)kave, molim.
드비예 (뜨리) 까베 몰림

어떤 종류의 와인들이 있나요?
Koje vrste vina(piva)imate?
꼬예 브르스떼 비나 (삐바) 이마떼

와인 한잔(한병)주십시오.
Dajte mi čašu(bocu)vina, molim.
다이떼 미 촤슈 (보쭈) 비나 몰림

건배! 건강을 위해!
Živjeli! U zdravlje !
쥐벨리 우 즈드라블레

내가 계산하지요. 계산서 부탁합니다.
Platiti, molim. Račun, molim.
쁠라띠띠 몰림 라춘 몰림

크로아티아 회화 **125**

카페 관련 단어

한국어	크로아티아어	발음
밀크커피	Kava s mlijekom.	까바 스 믈리예꼼
아이스 커피	Ice-caffee	아이스-커피
크림을 탄 커피	Kava sa šlagom	까바 싸 슐라곰
카카오	Kakao	카카오
밀크 셰이크	Frape	프라뻬
과일주스	Voćni sok	보츠니 쏙
차	Čaj	촤이
바닐라 아이스크림	Sladoled s okusom vanilije	슬라돌레드 스 오꾸솜 바닐리예
초콜릿 아이스크림	Sladoled s čokolade	슬라돌레드 스 쵸꼴라데
딸기 아이스크림	Sladoled s jagode	슬라돌레드 스 야고데
펀치 아이스크림	Sladoled s punč	슬라돌레드 스 뿐치
피스타치아 아이스크림	Sladoled s pistacije	슬라돌레드 스 삐스따찌예
코카콜라	Coca-cola	코카콜라
맥주	Pivo	삐보
케익	kola	코라츠
주스	soka	쏘카
물	mineralne vode	미네랄네 보데

레스토랑에서

주문

종업원, 메뉴판(음료판, 와인판)!
Konobaru!(남자), Konobarice!(여자),
꼬노바루 꼬노바리쩨
jelovnik(kartu s pićima, vinsku kartu)
옐로브닉 (까르뚜 스 삐치마, 빈스꾸 까르뚜)

두명 자리 있습니까?
Imate li stol za dvoje?
이마떼 리 스똘 자 드보예

죄송합니다, 이 자리 비었습니까?
Oprostite, je li ovaj stol(stolac)zauzet?
오쁘로스띠떼 옐 리 오바이 스똘 (스똘라쯔) 자우제뜨

주문하려고 합니다
Želim naručiti.
줼림 나루취띠

~있습니까?
Imate li~?
이마떼 리

크로아티아 회화 **127**

이것이 무엇입니까?
što je ovo?
슈또 예 오보

(이 음식)가격이 얼마입니까?
Pošto je ovo?
뽀슈또 예 오보

메뉴판(와인표)좀 볼 수 있을 까요?
Molim Vas jelovnik(vinsku kartu).
몰림 　　　바스 옐로브닉　　(빈스꾸　　까르뚜)

오늘 추천 메뉴가 무엇입니까?
Što možete danas preporučiti?
슈또 모줴떼 　　다나스 　　쁘레뽀루취띠

이 집 고유의 특별한 메뉴가 있습니까?
Imate li nekakav specijalitet kuće?
이마떼 리 네까까브 　　스뻬찌알리떼뜨 꾸체

준비된 음식이 있습니까?
Što imate gotovo?
슈또 이마떼 고또보

~을 주십시오.
Molim Vas, dajte mi~
몰림   바스 다이떼 미

나는 ~을 먹겠습니다.
Uzet ću~
우제 추

~1인분(2인분)주십시오.
Donesite mi jednu porciju(dvije porcije)~
도네시떼   미 예드누 뽀르찌유 (드비예 뽀르찌예)

스테이크는 어떻게 해드릴까요?
Kakav biste odrezak željeli?
까까브   비스떼 오드레작   줴르렐리

잘 익혀주십시오.
Dobro pečen.
도브로   뻬쵄

반쯤 익혀주십시오.
Polupečen.
뽈루뻬쵄

영국식으로 해주십시오
Na engleski način.
나 엔글레스키 나췬

음료수는 무엇으로 드시겠습니까?
Šta želite piti?
슈따 줴르리떼 삐띠

와인(주스, 물)한잔(한병)주십시오.
Dajte mi čašu(bocu)vina
다이떼 미 촤슈 (보쭈) 비나
(soka, mineralne vode), molim.
(쏘까, 미네랄네 보데) 몰림

맥주 하나 주십시오. 맥주 2개(3개,4개)주십시오.
Jedno pivo, molim. Dva(tri, četiri)piva,
예드노 삐보 몰림 드바 (뜨리, 췌띠리) 삐바
molim.
몰림

맛있게 드십시오!
Dobar tek.
도바르 떽

건배! 건강을 위해!
Živjeli! U zdravlje!
쥐벨리 우 즈드라블례

레스토랑 관련 단어

아침식사	doručak	도루촉
점심식사	ručak	루착촉
저녁식사	večera	베체라
국수	rezanci	레잔찌
감자	krumpir	끄룸삐르
빵	kruh	크루흐
물	voda	보다
소금	sol	솔
후추	papar	빠빠르
오일	ulje	울례
설탕	šećer	쉐체르
접시	tanjur	따뉴르
잔	čaša	챠샤
냅킨	ubrus	우브루스
포크	vilica	빌리짜
스푼	žlica	쥴리짜
칼	nož	노쥬
이쑤시개	čačkalica	최츄깔리짜
재떨이	pepeljara	뻬르랴라
메뉴	menu	메뉴
샐러드	salata	살라따
매운	ljut	류뜨
겨자	salčica, senf	갈취짜 쎈프

소스	umak, sos	우막 소스
수프	juha	유하
달콤한	sladak	슬라닥
치즈	sir	씨르
소시지	kobasica	꼬바시짜
꿀	med	메드
쨈	marmelada	마르멜라다
계란요리	jela od jaja	옐라 오드 야야
후식	zaslade	자슬라데
쌀	riža	리좌
스파게티	spaghetti	스파게티
고기요리	mesna jela	메스나 옐라
생선과해산물(요리)	ribe i ijuskari	리베 이 이유스까리
과일	voče	보체
사과	jabuka	야부까
바나나	banana	바나나
딸기	jagode	야고데
배	kruška	끄루슈까
레몬	limun	리문
수박	lubenica	루베니짜
포도	grožde	그로쥬제
메론	dinja	디냐

불평

이것을 주문하지 않았는데요.
To nisam naručio.
또   니쌈   나루취오

음식이 차군요(탔군요, 딱딱하군요, 시군요, 짜군요).
Ovo je hladno(zagorjelo, žilavo, kiselo, preslano).
오보 예 흘라드노 (자골로,   쥘라보,   끼셀로,   쁘레슬라노)

신선하지 않군요. 정결하지 않군요.
Ovo nije svježe(čisto).
오보   니예   스비예줴 (취스또)

나는 ~을 주문했는데 ~을 가지고 왔군요
Naručio sam~, a Vi ste donijeli~
나루취오   쌈~   아 비 스떼 도니옐리

이 음식 가지고 가세요.
Vratite ovo, molim.
브라띠떼   오보   몰림

지배인을 불러오십시오.
Molim pozivite šefa.
몰림   뽀지바떼   쉐파

계산

계산서 부탁드립니다
Molim račun.
몰림　　　라춘

모두 함께 계산해 주십시오.
Molim sve zajedno
몰림　　스베　자예드노

따로따로 계산해 주십시오.
Molim posebne račune.
몰림　　뽀세브네　　라춘네

계산이 잘못되었습니다. 계산서에 오류가 있군요.
Ovo nije točno. Ima jedna pogre ška u
오보　니예　또추노　이마　예드나　뽀그레　슈카 우
računu.
라추누

맛있게 드셨습니까?
Je li prijalo?
옐 리 쁘리알로

음식이 아주 맛있었습니다.
Jelo je bilo odlično.
옐로   예 빌로   오들리추노

여행자수표(신용카드)로 계산해도 됩니까?
Mogu li platiti putničkim
모굴   리 쁠라띠띠 뿌뜨니추꼼

čekovima(kreditnom karticom)?
췌꼬비마   (끄레디뜨놈   까르띠쫌)

거스름돈은 가지십시오!
Zadržite ostatak.
자드르쥐떼   오스따딱

이건 팁입니다!
Ovo je za Vas.
오보   예 자 바스

풍습, 종교, 법규, 관습 유의 사항

1. 카톨릭이 주를 이루고 있으며 그외 정교와 회교도가 소수를 이루고 있으나 전쟁으로 인해 정교 신도인 세르비아계의 경우 다수 타 유고연방이나 다른 나라로 도피하여 정교도의 비율은 상당히 낮아짐.
2. 전통적으로 카톨릭의 종교적 휴일 및 축제를 지내고 있으며 관광 성수기인 여름에는 아드리아 해안을 따라 형성된 각 도시별로 축제가 열리고 있음.
3. 독일 법률의 영향을 많이 받으나 준법정신이 철저하지는 않음. 낙천적이며 외국인에 대한 차별 의식은 강하지 않고 동양인에 대해서도 상당히 우호적임. 전반적으로 친절한 자세 유지.
4. 크로아티아를 발칸 반도 국가와 유사한 그룹으로 지칭하는 데는 거부감을 느끼는 사람들이 많으며 정부에서도 중유럽에 속한다는 것을 상당히 강조하고 있으므로 크로아티아를 중유럽의 일국으로 지칭하는 것이 바람직함.

09

관광·레져·스포츠

크로아티아의 아드리아해안은 유럽최고의 휴양지로 손꼽히고 있으며 여름 성수기에는 방을 잡기 힘들만큼 많은 유럽 관광객이 크로아티아를 찾는다. 이에 따라 관광객들을 위한 각종 편의시설이 비교적 잘 정비되어 있다. 모든 도시의 역과 중심에는 여행안내소가 있으니 필요한 관광정보는 이 안내소를 이용하는 것이 좋다. 간단한 지도나 호텔 정보, 주요 관광명소의 안내책자등을 무료로 얻을 수 있다.

여행자 안내소

~(도시명)시내지도를 원합니다.
Htio(Htjela 여성)bih plan grada~
흐띠오 (호띠에라)   비흐 쁘란 그라다

이번 주 공연일정표가 있습니까?
Imate li program priredbi za ovaj tjedan?
이마떼 리 쁘로그람   쁘리레드비 자 오바이 띠예단

시내관광프로그램이 있습니까?
Da li priredujete obilaske grada?
따 리 브리레쥬예떼   오비라스께   그라다

(시내)관광프로그램이 얼마입니까?
Koliko stoji oblazak?
꼴리꼬   스또이 오브라작

(시내관광)버스가 언제 출발합니까?
Kada polazi autobus?
까다　　보라지　　아우또부스

어디에서 출발합니까?
Odakle polazi?
오다끄레　　뽀라지

(관광)안내코스가 언제 시작됩니까?
Kada počinje vodenje?
까다　　뽀취네　　보줴녜

영어로 진행되는(관광)안내코스도 있습니까?
Ima li vodenje na engleskom?
이마　리 보줴녜　　나　엔그레스꼼

우리가 ~를 지나가나요?
Hoćemo li proći pored~?
호체모　　리 쁘로치　뽀레드

~에서 얼마만큼의 자유시간이 주어지나요?
Koliko ćemo imati slobodnog vremena u~
꼴리고　　췌모　　이마띠　스로보드노그　　브레메나　　우

언제 돌아갑니까?
Kada se vraćamo?
까다　쎄 브라차모

시내관광

이 도시에서 볼거리가 무엇입니까?
što je vrijedno viđeti u ovom gradu?
슈또 예 브리예드노   비제띠 우 오봄   그라두

박물관이 언제 열지요?
Kada je otvoren muzej?
까다 예 오뜨보렌   무제이

전시관이 언제 문을 열지요?
Kada je otvorena izložba?
까다 예 오뜨보레나   이즐로쥬바

~시부터 ~시까지 개관합니다.
Otvoreno je od~do~Zatvoreno.
오뜨보레노   예 오드~ 도~ 자뜨보레노

입장료가 얼마입니까?
Pošto je ulaznica?
뽀슈또 예 울라즈니짜

무료입장입니다.
Pristup slobodan.
쁘리스뚜프 슬로보단

여기서 사진을 찍어도 됩니까?
Smije li se ovdje fotografirati?
스미예 리 쎄 오브데 포또그라피라띠

이 광장을 무엇이라 부릅니까?
Kako se zove ovaj trg?
까꼬 쎄 조베 오바이 뜨르그

이 건물은 언제 완공되었나요?
Kada je sagradena ova zgrada?
까다 예 싸그라줴나 오바 즈그라다

장소 관련 단어

한국어	크로아티아어	발음
시청	vijećnica	비예추니짜
타워	toranj	또란
박물관	muzej	무제이
교회	crkva	쯔르크바
요세	tvrđava	뜨브르쟈바
성	dvorac	드보라쯔
대성당	katedrala	까떼드랄라
궁전	palača	빨라촤
기념비(물)	spomenik	스뽀메닉
전시장(전람회)	izložba	이즐로쥬바
학교	škola	슈꼴라
광장	trg	뜨르그
호수	jezero	예제로
탑	toranj	또란
폭포	vodopad	보도빠드
동물원	zoološki vrt	조로슈키 브로뜨
숲	šuma	슈마
시내관광	obilazak grada	오비라작 그라다

교회/미사

어디에 가톨릭성당/개신교교회/정교회가 있습니까?
Gdje je katolička/protestantska/
그데 예 까똘리추까 /쁘로떼스딴뜨스까/

pravoslavna crkava?
쁘라보스라브나 쯔르까바

미사가 언제 있습니까?
Kada se održava služba božja?
까다 쎄 오드르좌바 스루즈바 보쟈

언제 교회/성당을 볼 수 있습니까?
Kada se može razgledati crkvu/kapelu?
까다   쎄 모줴   라즈그레다띠   쯔르끄부 /까뻬르루

신부님/성직자들은 어디에 기거합니까?
Gdje stanuje župnik/crkvenjak?
그뎨   스따누예   쥬쁘니크 /쯔르끄베냐크

우리는 교회를 구경하고 싶습니다.
Rado bismo razgledati crkvu.
라도   비스모   라즈그레다띠   쯔르끄부

우리를 동행시켜줄 수 있습니까?
Molim Vas možete li nas pratiti?
몰림   바스 모줴떼   리 나스 쁘라띠띠

술집/나이트 클럽

여기 쾌적한 술집이 있나요?
Ima li tu neka prijatna krčma?
이말 리 뚜 네까 쁘리야뜨나 끄르추마

어디로 춤추러 갈 수 있나요?
Gdje se može plesati?
그예 쎄 모줴 쁠레싸띠

입장료에 음료도 포함되어있습니다.
U cijenu ulaznice uračunato je jedno piće.
우 찌예누 울라즈니쩨 우라추나또 예 예드노 삐체

우리 춤추러 갈까요?
Hoćemo li poči na ples?
호체모 리 뽀치 나 쁘레쓰

우리(다시한번)춤출까요?
Hoćemo li(još jednom)plesati?
호체모 리 (요쉬 예드놈) 쁘레싸띠

맥주 한잔
Molim jedno pivo.
몰림 예드노 삐보

크로아티아 회화 **145**

같은 걸로 하나 더.
Još jednom isto.
요슈 예드놈   이스또

감사합니다. 즐거운 밤이었습니다.
Hvala Vam za ugodno veče.
흐발라 밤   자 우고드노   베췌

술집/나이트 클럽 관련 단어

민속음악	plesna glazba	쁘레스나 그라즈바
바	bar	바르
디스코텍	diskoteka	디스꼬떼까
술집	krčma	끄르추마
라이브	glazba uživo	글라즈바 우쥐보
나이트 클럽	noćni klub	노츠니 끌룹
쇼	šou	쇼우
전자오락실(카지노)	kockarnica	꼬쯔까르니짜
무도장	plesni orkestar	쁘레스니 모르케스따르

영화관/극장

이번 주 공연일정표 있습니까?
Imate li program priredbi za ovaj tjedan?
이마떼 리 쁘로그람 쁘리레드비 자 오바이 떽단

오늘밤 어떤 작품이 공연되지?
Koji se komad daje večeras?
꼬이 쎄 꼬마드 다예 베췌라스

저에게 좋은 공연 하나 추천해 주실 수 있는지요?
Možete li mi preporučiti neki dobar
모줴뗄 리 미 쁘레뽀루취띠 네끼 도바르
komad?
꼬마드

공연이 언제 시작되지요?
Kada počinje predstava?
까다 뽀취녜 쁘레드스따바

오늘밤 공연으로 표 두장 부탁합니다.
Molim dvije karte za večeras.
몰림 드비예 까르떼 자 베췌라스

어디에서 표를 구할 수 있나요?
Gdje mogu nabaviti karte?
그데   모구   나바비띠   까르떼

프로그램 부탁합니다.
Molim Vas program.
몰림   바스   쁘로그람

영화관/극장 관련 단어

발레	balet	발레뜨
페스티발	festival	페스띠발
영화	film	필름
오페라	opera	오페라
음악회	koncert	끈쩨르뜨
연극	igrokaz, drama	이그로까즈 드라마
서커스	cirkus	쯔르꾸스
공연	predstava	쁘레드스따바
영화관	kino	키노
극장	kazalište	까잘리슈떼
입장권	ulaznica	울라즈니짜
예매	pretprodaja	쁘레뜨쁘로다야
매표소	blagajna, kasa	블라가이나 까사

운동

여기서는 어떤 스포츠를 즐길 수 있지요?
Kojim se športom može ovdje baviti?
꼬임　　쎄　슈뽀르돔　　모줴　　오브데　바비띠

여기에는 ~있습니까?
Ima li ovdje~?
이마　리오브데

실내 수영장	zatvoreni bazen	
	자뜨보레니 바젠	
실외 수영장	ljetno kupalište	
	레뜨노 꾸빨리슈떼	
골프장	igralite za golf	
	이그랄리슈떼 자 골프	
테니스장	tenisko igralište	
	떼니스꼬 이그랄리슈떼	

낚시 할 수 있는 장소가 어디입니까?
Gdje se može pecati?
그데 쎄 모줴 뻬짜띠

나는 산행을 하고 싶습니다.
Htio bih planinariti.
흐띠오 비히 쁘라니나리띠

자전거를 하루 빌리고 싶습니다.
Htio(Htjela 여자)bih unajmiti bicikl za dana.
흐띠오 (흐띠옐라) 비흐 우나이미띠 비찌클 자 다나

어디에서 ~을 빌릴 수 있나요?
Gdje mogu unajmiti~?
그데 모구 우나이미띠

함께 경기해도 되나요?
Mogu li igrati s vama?
모구   리 이그라띠 스바마

나는 축구경기를 보고싶습니다.
Htio(Htjela)bih pogledati nogometnu
흐띠오 (흐띠엘라)   비흐   뽀그레다띠   노고메뜨누
utakmicu.
우따끄미쭈

언제/어디서 열리나요?
Kada/Gdje se održava?
까다 /그데   쎄   오드르좌바

입장료가 얼마입니까?
Koliko stoji ulaznina?
꼬리꼬   쓰또이 우라즈니나

어떤 스포츠를 즐기십니까?
Kojim se sportom baviti?
꼬임   쎄 쓰뽀르또ㅁ   바비띠

나는 ~을 즐깁니다.
Igram~
이그람

나는 ~팬입니다.
Ja sam pristaša~
야 쌈   쁘리쓰따솨

레저 관련 단어

한국어	크로아티아어	발음
낚시	dozvola za pecanje	도즈볼라 자 뻬짜녜
공	lopta	롭따
골프	golf	골프
골프채	palica za golf	빨리짜 자 골프
농구	košarka	코샤르까
누드해안가	nudistička plaža.	누디스띠추까 쁠라좌
축구	nogomet	노고메트
모토보트	motorničamac	모또르니 촤마쯔
잠수	roniti	로니띠
잠수장비	ronila ka oprema	로닐라추까 오쁘레마
사우나	sauna	사우나
스키	alpsko skijanje	알프스꼬 스끼야녜
스쿼시	skveš	스끄베슈
탁구	stolni tenis, ping-pong	스똘니 떼니스, 핑퐁
배구	odbojka	오드보이까
체조	gimnastika	김나스띠까
승마	jahanje	야하녜
수영	plivati	쁠리바띠
비치파라솔	suncobran	쑨쪼브란
탈의실	kabina	까비나
핸드볼	rukomet	루꼬메트
경마장	hipodrom	히뽀드롬

10

쇼핑

크로아티아는 쇼핑거리는 우리나라처럼 영어간판을 많이 사용하지 않고 크로아티아어를 주로 사용하여 조금 불편함 있다. 미리 쇼핑할 품목을 정리하여 정확히 장소를 알아본 후 고생을 하지 않을것이다.

쇼핑

도와드릴까요?
Izvolite, gospodine/gospođo?
이즈볼리떼   고스뽀디네   / 고스뽀죠

나는 ~이 필요합니다
Molim Vas, trebam~
몰림   바스   뜨레밤

어디서 ~을 살 수 있나요?
Gdje mogu kupiti~?
그데   모구   꾸삐띠

~매장은 어디 있나요?
Gdje je odjel~?
그데   예 오델

저에게 ~을 주십시오(보여주십시오)
Molim Vas, dajte(pokazite)mi~
몰림   바스   다이떼 (뽀까지떼)   미

어떤 치수를 원하십니까?
Koju veličinu trebate?
꼬유   벨리취누   뜨레바떼

내 치수는 38입니다. 이것은 내 치수가 아닌데요.
Moja veličina je 38. Ovo nije moja veličina.
모야 벨리취나 예 뜨리데셋 오쌈 오보 니예 모야
벨리취나

이것을(신어)입어봐도 됩니까?
Smijem li probati ovo?
스미옘 리 쁘로바띠 오보

이것은 얼마입니까?
Pošto je ovo?
뽀슈또 예 오보

모두 합해서 얼마입니까?
Koliko/Pošto je sve zajedno?
꼴리꼬 /뽀슈또 예 스베 자예드노

이것은(너무)비싼데요. 이것은 싸군요.
Ovo je(pre)skupo. Ovo je jeftino.
오보 예 (쁘레) 스꾸뽀 오보 예 예프띠노

이것이 마음에 드는군요. 이것을 사지요.
Ovo mi se svidja. Uzimam.
오보 미 쎄 스비쟈 우지맘

여행자 수표(신용카드)도 받습니까?
Primate li putni čke čekove(kreditne kartice)?
쁘리마떼 리 뿌뜨니 추케 췌꼬베 (크레디뜨네 까르띠쩨)

어디에서 ~을 구할 수 있나요?
Gdje mogu naći~?
그데　　모구　　나치

좋은 가게를 소개해 주시겠습니까?
Možete li mi preporučiti neku trgovinu?
모줴떼　　리 미　　쁘레뽀루취띠　　네꾸　　뜨르고비누

나는 ~을 사려고합니다.
Htio(Htjela 여자)bih~
흐띠오 (호띠옐라)　　비흐

~이 있습니까?
Imate li~?
이마떼　　리

가격이 얼마입니까?
Koliko stoji(ko šta)?
꼴리꼬　　스또이 (꼬슈따)

이것을 사겠습니다.
Uzet ču ovo.
우제　추　오보

신용카드도 받지요?
Primate li kreditne kartice?
쁘리마떼　　리　끄레디뜨네　　까르띠쩨

쇼핑 관련 단어

한국어	크로아티아어	발음
골동품점	antikvarijat	안띠크바리야뜨
꽃집	cjećarnica	쩨차르니짜
빵집	pekara	뻬카라
서점	knjižara	크니좌라
벼룩시장	buvlja pijaca	부브랴 삐야짜
이발소/미장원	frizer	프리제르
야채시장	pilja	삘랴
보석상	zlatar	즈라따르
백화점	robna kuća	로브나 꾸차
생활용품점	trgovina namirnicama	뜨르고비나 나미르니짜마
시장	tržnica	뜨르쥐니짜
정육점	mesnica	메스니짜
안경점	optićar	오프띠차르
향수점	parfimerija	빠르피네리야
여행사	putnička agencija	뿌뜨니취카 아겐찌야
구둣가게	trgovina obućom	뜨르고비나 오브촘
장난감상점	trgovina igraćkama	뜨르고비나 이그라츠까마
와인상점	vinarija	비나리야
가게	trgovina	뜨르고비나
계산서(영수증)	račun	라춘
가격표	cjenik	찌예드닉
가격	cijena	찌예나
세일(sale)	rasprodaja	라스쁘로다야
세일가격	sniženje	스니줴녜
(가게)종업원	prodavač	쁘로다바츠

옷가게에서

~을 보여주십시오.
Možete li mi pokazati~?
모줴떼   리 미   뽀까자띠

입어봐도 되나요?
Mogu li probati?
모구   리 쁘로바띠

치수가 어떻게 되십니까?
Koji je Vaš broj?
꼬이 예 바슈 브로이

이것은 나에게~
Ovo mi je
오보   미 예

(너무)좁다/(너무)넓다
(pre)usko/(pre)široko.
쁘레 우스꼬 /쁘레 쉬로꼬

(너무)짧다/(너무)길다
(pre)kratko/(pre)dugačko
쁘레 끄라트꼬 /쁘레 두가추꼬

(너무)작다/(너무)크다
(pre)veliko/(pre)maleno
쁘레 쁘레벨리꼬/쁘레 쁘레말레노

딱 맞습니다.
Ovo mi dobro stoji.
오보 미 도브로 스또이

이것을 사겠습니다.
Uzetću ovo.
우제추 오보

관련 단어

파자마	pidžama	삐좌마
모자	šešir	쉐쉬르
구두	cipele	찌뻬ㄹ레
스카프	šal	샬
부츠	čizme	취즈메
장갑	rukavice	루까비쩨
샌들	sandale	싼달레
스웨터	pulover	뿔로베르
슬리퍼	papuče	빠뿌체
(남자용)바지	hlače	흘라쩨

남자용

정장 한 벌	odijelo	오디옐로
재킷	sako	싸꼬
와이셔츠	košulja	꼬슐랴
넥타이	kravata	꼬라바따
양말	čarape	차라뻬
조끼	prsluk	쁘르슬룩
팬티	gaće	가체

흰색	bijel , bijela , bijelo	비옐, 비옐라, 비옐로
노랑색	žut	쥬뜨
오랜지색	naranccast	나란짜스트
붉은색	crven	쯔르벤
보라색	ljubičast	류비짜스트
푸른색	plav	쁠라브
녹색	zelen	젤렌
갈색	smedj	스메즈
회색	siv	씨브
검은색	crn	쯔른

여자용

여성복 한 벌	kostim	꼬스띰
블라우스	bluza	블루자
긴 겉옷	haljina	할리-나
스커트	suknja	수끄냐
스타킹	čarape	촤라뻬
브래지어	grudnjak	그루드냑
팬티	gaćice	가치쩨

여성

구분	한국	미국 캐나다	일본	영국 호주	프랑스	이탈리아	유럽
XS	44(85)	2	44	4-6	34	80	34
S	55(90)	4	55	8-10	36	90	36
M	66(95)	6	66	10-12	38	85	38
L	77(100)	8	77	16-18	40, 42	95	40
XL	88(105)	10	88L	20-22	44, 46, 48	100	42
XXL	110	12	–	–	50, 52 54	105	44

남성의류

구분	한국	미국 캐나다	일본	영국 호주	프랑스	유럽
XS	85	85-90 14	S 36	0	40	44-46
S	90	90-95 15	M 38	1	42, 44	46
M	95	95-100 15.5-16	L 40	2	46, 48	48
L	100	100-105 16.5	LL, XL 42	3	50, 52	50
XL	105	105-110 17.5	– 44	4	54, 56, 58	52
XXL	110	110~	– 46	5	60, 62	54

신발 사이즈

한국	210	220	230	240	250	260	270	280	290
유럽 (여)	34	35.5	36	37.5	38.5	40	42	43	44
유럽 (남)	–	–	36.5	38	39	41	43	45	46
영국 (여)	2	3	4	5.5	6.5	8	9	9.5	10
영국 (남)	–	–	4.5	6	7	8.5	9.5	10.5	11.5
미국 (여)	4	5	6	7.5	8.5	10	11	12	13
미국 (남)	–	–	5	6.5	7.5	9	10	11	12
일본	21	22	23	24	25	26	27	28	29

구두점에서

나는 ~구두를 원합니다.
Htio(Htjela 여자)bih par~cipela.
흐띠오 (호띠엘라) 비흐 빠르 찌뻬ㄹ라

내 치수는 ~입니다.
Moj je broj cipela~
모이 예 브로이 찌뻬ㄹ라

너무 끼는데요/ 너무 헐렁한데요.
Ovo su preuske/preširoke.
오보 수 쁘레우스께 /쁘레쉬로께

구두약도 주십시오.
Molim još jednu tubu kreme za cipele.
몰림 요슈 예드누 뚜부 끄레메 자 찌뻬ㄹ라

구두 주걱도 주십시오
Molim još par vezica za cipele.
몰림 요슈 빠르 베지짜 자 찌뻬ㄹ라

크로아티아 회화 **163**

안경점에서

이 안경을 고칠 수 있습니까?
Molim Vas da mi popravite ove naočare.
몰림   바스 다 미   뽀쁘라비떼   오베 나오차레

나는 근시/난시입니다.
Ja sam kratkovidan/dalekovidan.
야 쌈   끄라뜨꼬비단   /달레꼬비단

언제 안경을 찾으러 오면 됩니까?
Kada mogu doći po naočare?
까다   모구   도치   뽀   나오차레

나는 소프트 콘택트렌즈용 보존액(세척액)이 필요합니다.
Trebam rastvor za čuvanje(rastvor za
뜨레밤   라스뜨보르 자 추바녜   (라스뜨보르   자
čišćenje)za meke kontaktne leče.
취슈체녜)   자 메께   꼰딱뜨네   레체

선그라스 좀 볼 수 있을까요.
Tra im sunčane naočare(dalekozor).
뜨라쥠   쑨촤네   나오차레   (달레코조르)

164 여행필수

담배가게에서

~담배 한갑/한 보루 주십시오.
Molim paketi/teku cigareta.
몰림　　빠께띠치 /슈떼꾸　찌가레따

시거 10개 주십시오.
Molim deset cigara.
몰림　　데셋　찌가라

파이프용 담배 한 통 주십시오.
Molim limenku duhana za lulu.
몰림　리멘꾸　　두하나　자　룰루

성냥 하나 주십시오.
Molim kutiju šibica.
몰림　　꾸띠유　쉬비짜

라이터 하나 주십시오.
Molim jedan upaljač.
몰림　　예단　우빨라츄

서점/문방구에서

가장 가까운 서점이 어디에 있습니까?
Gdje je najbliža knjižara?
그데 예 나이블리좌 끄니좌라

문방구가 어디에 있습니까?
Gdje je papirnica?
그데 예 빠삐르니짜

어디서 영자신문을 살 수 있습니까?
Gdje mogu kupiti engleske novine?
그데 모구 꾸삐띠 엔그레스께 모비네

~을(를)주십시오.
Molim Vas~
몰림 바스

서점/문방구 관련 단어

책	knjigu	끄니구
신문	novine	노비네
영어-크로아티아 사전	englesko-hrvatski rječnik	엔그레스께-흐르바츠끼 례취니크
크로아티아-영어 사전	hrvatsko-engleski rječnik	흐르바츠꼬-엔그레스끼 례취니
여행안내책	turistički vodič	뚜리스띠추끼 보디추
잡지	časopis	촤소삐스
화보	ilustrirani asopis	이루스뜨리라니 촤소삐스
지도	geografsku kartu, mapa	게오그라프스꾸 까르뚜, 마파
시내지도	plan grada	쁘란 그라다
관광엽서	razglednicu	라즈그레드니쭈
편지지	papir za pismo	빠삐르 자 삐스모
편지봉투	omotnicu, kuvertu	오모뜨니쭈, 끄베르뚜
연필	olovku	오로브꾸
풀	ljepilo	례삘로
종이	papir	빠삐르
지우개	gumicu za brisanje	구미쭈 자 브리싸녜
볼펜	kemijsku olovku	케미스꾸 오로브꾸
만년필	pero	뻬로

금은방에서

시계가 작동하지 않습니다. 확인해 주실 수 있나요?
Moj sat više ne radi. Možete li ga
모이 싸뜨 비쉐 네 라디 모줴떼 리 가
pregledati?
브레그레다띠

나는 아름다운 기념물을 원합니다.
Htio(Htjela 여성)bih neki lijep suvenir
흐띠오 (흐떼라) 비흐 네끼 리예쁘 쑤베니르

나는 아름다운 선물을 원합니다.
Htio(Htjela 여성)bih neki lijep poklon.
흐띠오 (흐떼라) 비흐 네끼 리예쁘 뽀끄론

금은방 관련 단어

장식	privjesak	쁘리볘싸끄
손목시계	ručni sat	루추니 싸뜨
브로치	broš	브로쉬
금	zlato	즈라또
팔지	narukvica	나루끄비짜
목걸이	lančič	란취츠
크리스털	kristal	끄리스딸
귀걸이	naušnice	나우슈니쩨
진주	biser	비세르
반지	prsten	브르스뗀
보석	nakit	니끼뜨
은	srebro	쓰레브로

생필품가게에서

무엇을 원하십니까?
Što želite, molim?
슈또 쮀리떼   몰림

저에게 ~을 주십시오
Molim Vas dajte mi~
몰림   바스 다이떼 미

kg	kilogram~	낄로그람
포장	pakovanje~	빠고반예
병	bocu, flašu~	보쭈, 프라슈

더 원하시는 것이 있습니까?
Želite li još nešto?
ㅈ리떼   리 요쉬 네슈또

감사합니다. 전부입니다.
Hvala, to je sve.
흐발라   또 예 쓰

생필품 관련 단어

과일	voće	보췌
과자	keksi	케크시
유아용음식	dječja hrana	디에챠 흐라나
맥주	pivo	삐보
알코올 없는 맥주	bezalkoholno pivo	베즈알꼬홀노 삐보
빵	kruh	끄루흐
버터	maslac, putar	마쓰라쯔, 푸따르
계란	jaja	야야

한국어	Croatian	발음
생선	riba	리바
고기	meso	메쏘
신선한	svjež	스볘쥐
(구운)과자류	pecivo	뻬찌보
야채	povrče	뽀브르체
요구르트	jogurt	요그르뜨
커피	kava	까바
치즈	sir	씨르
마늘	češ njak, bijeli luk	췌슈냐크, 비예리 루끄
레몬	limunada	리무나다
마가린	margarin	마르가린
마요네즈	majoneza	마요네자
밀가루	brašno	브라슈노
잼	marmelada	마르메라다
우유	mlijeko	므리에꼬
물(탄산이 있는)	mineralna voda	미네랄나보다
식용유	ulje	울례
오렌지 주스	sok od naranče	쏘욱 오드 라란췌
소금	sol	쏠
초콜릿	čokolada	초꼬라다
겨자	slaž ica, senf	스라취짜, 쉔프
차	čaj	차이
토스트	tost	또스뜨
와인	vino	비노
쏘시지	hrenovke	흐레노브께
깡통	limenku~	리멘꾸
조각	komad~	꼬마드

11
이발소·미용실

크로아티아에서 이발소/미장원를 이용할 경우 우리와 달리 예약을 기본으로 하니 미리 시간을 예약하고 이용하는 것이 좋다. 또한 일반적으로 이발가격에 머리감겨주는 것이 포함되어있지 않으니 이발전에 미리 확인하고 머리감기를 원하면 추가비용을 지불해야된다.

이발소 · 미용실

내일 이발 예약됩니까?
Mogu li prijaviti za sutra?
모그   리 쁘리야비띠 자 수뜨라

머리감기와 드라이 부탁합니다.
Oprati i fen-frizuru, molim
오쁘라티 이 펜 -르리주루   몰림

머리감기를 포함한 이발 부탁드립니다.
Molim šišanje s pranjem.
모림   쉬쏴녜   쓰 쁘란넴

파마를 하고 싶습니다.
Htjela(여성형: 남성형은 htio 흐띠오)bih
흐떼라   비흐
minival(trajnu)
미니발   (뜨라이누)

염색을 하고 싶습니다.
Htio bih bojenje kose.
흐띠오 비흐 보예녜   꼬세

너무 짧지 않게 부탁드립니다.
Ne prekratko, molim
네   쁘레끄라뜨꼬   몰림

전체적으로 짧게 깎아주십시오.
Sasvim kratko, molim.
싸스빔   끄라뜨꼬   모림

약간 짧게 깎아주십시오.
Malo krače, molim.
말로   끄라체   몰림

면도 부탁드립니다.
Brijanje, molim.
브리야녜   몰림

감사합니다. 매우 좋습니다.
Hvala lijepo. Tako je dobro.
흐발라   리예포   따꼬 예 도브로

크로아티아 회화 **175**

12

우편·전화

이동 전화가 외곽지역 통화 불가능한 지역이 있으며 도시에서도 회선 수 부족으로 통화가 상당히 어려운 실정이다.
요금 수준은 국제전화의 경우, 한국에 비해 50%이상 비싼 수준이며 일반 전화 설치 시 초기 설치 비용은 회선당 600쿠나이며, 전화 회선을 반환하더라도 해당 설치 비용은 환불되지 않는다.

우편

보내는이:	Pošiljalac	뽀쉴랴쯔
주소:	Adresa, Naslov	아드레사, 나슬로브
받는이:	Primalac	쁘리말라쯔

가장 가까운 우체국이 어디에 있습니까?
Gdje je najbliža pošta?
그뎨   예   나이블리좌   뽀슈따

한국으로 보내는 편지/엽서의 우편료는 얼마입니까?
Koliko stoji pismo/dopisnica za Koreju?
꼴리꼬   스또이   삐스모   /도삐스니짜   자   꼬레유

이 편지를 항공편/속달로 보내주십시오.
Ovo pismo molim avionom/hitno.
오보   삐스모   몰림   아비오놈   /히뜨노

한국까지 도착하는데 얼마나 걸립니까?
Koliko putuje pismo u Koreju.
꼴리꼬   뿌뚜예   삐스모   우 꼬레유

크로아티아 회화 **177**

전화

전화카드 좀 주십시오
Jednu telefonsku karticu.
예드누 뗄레폰스꾸 까르띠쭈

(도시)의 지역번호가 어떻게되지요?
Koji je pozivni broj za~?
꼬이 예 뽀지브니 브로이 자

여보세요, 안녕하십니까? 코바치네 댁인가요?
Alo, dobar dan. Da li je to kod familije
알로 도바르 단 달 리예 또 꼬드 파밀리예
Kovac?
꼬바치

그렇습니다. 누구시죠?
Da, tko je to?
다 뜨꼬 예 또

누구를 찾으십니까?
Koga želite?
꼬가 줴르리떼

저는 ~입니다.
Ovdje je~
오브데 예

~와 통화를 하고 싶습니다.
Molim, mogu li govoriti s
몰림   모굴   리 고보리띠 스
gospodinom(~씨)/gospođom(~여사)/
고스뽀디놈   /고스뽀좀 /
gospođicom(~양)~?
고스뽀지쫌

예, 잠깐만 기다리십시오.
Jeste. Samo trenutak/moment!
예스떼 싸모   뜨레누따끄 /모멘뜨

죄송합니다, ~씨는 지금 없는데요.
Žalim, on/ona(여성)je nije ovdje.
잘림   온 /오나   예 니예 오브데

~씨는 언제 돌아오십니까?
Kada će se on/ona(여성)vratiti?
까다 체 쎄 온 /오나   브라띠띠

예, 잠깐만 기다리십시오.
Jeste. Samo trenutak/moment!
예스떼 싸모   뜨레누따끄 /모멘뜨

크로아티아 회화 **179**

정확하게 모르겠습니다. 나중에 다시 한번 전화 주십시오.
Ne znam točno. Nazovite poslije još
네 즈남 또츠노 나조비떼 뽀스리예 요슈
jedanput.
예단뿌뜨

그렇게 하지요, 감사합니다.
다음에 뵙겠습니다.
Dobro, hvala, doviđenja.
도브로 흐발라 도비줴냐

저는 전화로 크로아티아어를 잘 구사 못합니다.
Ne govorim dobro hrvatski preko telefona.
네 고보림 도브로 흐르바츠끼 쁘레꼬 뗄레폰나

제가 전화했었다고 전해 주시겠습니까?
Molim, hoćete li mu(남성)/joj(여성)reći da
몰림 호체떼 리 무 /요이 레치 다
sam zvao?
쌈 즈바오

13

병원·약국

크로아티아는 의약분업이 실시되고 있는 국가이며 간단한 약을 제외하고는 대부분의 의약품을 의사의 처방전이 있어야 구할 수 있다. 병원은 사회주의체제에서 유래한 국영 종합병원형태로 운영되고 있으며 몇년 전부터 대도시를 중심으로 개인병원들이 생겨나고 있다. 예약을 원칙으로 하고 대기시간이 매우 길다는 것에 유념하기 바람.

몸이 아플 때

안과의사	ljie čnika za oči	리예 추니까 자 오취
산부인과의사	ljiečnika za ženske bolesti	리예추니까 자 젠스께 보레스띠
이비인후과의사	ljiečnika za uho, grlo, nos	리예추니까 자 우호 그를로 노스
피부과의사	ljiečnika za kožne bolesti	리예추니까 자 꼬쥐네 보레스띠
소아과의사	ljiečnika za dječje bolesti	리예추니까 자 뎨췌 보레스띠
신경과의사	ljie čnika za živčane bolesti	리예 추니까 자 쥐브차네 보레스띠
외과의사	urologa	우로로가
치과의사	zubara	주바라

좋은 의사를 소개해 주실 수 있습니까?
Možete li mi preporučiti dobrog
모쩨뗄 리 미 쁘레뽀루취띠 도브로그
liječnika?
리예추니까

그 병원이 어디 있습니까?
Gdje je njegova ordinacija?
그데 예 녜고바 오르디나찌야

어떤 종류의 통증이 있으십니까?
Kakve togobe imate?
까끄베 또고베 이마떼

다쳤습니다.
Ozlijedio(Ozlijedila 여자)sam se.
오즐리예디오 (오즐리예딜라) 쌈 쎄

몸이 좋지 않습니다.
Često mi je zlo.
췌스또 미 예 즐로

열이 있습니다.
Imam temperaturu
이맘 뗌뻬라뚜루

어지럽습니다.
Često mi se vrsti u glavi.
췌스또 미 쎄 브르스띠 우 글라비

몸을 움직일 수 없습니다.
Pao(Pala 여자)sam u nesvijest.
빠오 (빨라) 쌈 우 네스비예스뜨

심하게 감기가 걸렸습니다.
Jako sam nahlađen.(nahlađena 여자)
야꼬 쌈 나흘라젠 (나흘라제나)

머리가 아픕니다.
Boli me glava.
볼리 메 글라바

목이 아픕니다.
Boli me grlo.
볼리 메 그를로

기침이 심합니다.
Kašljem
까슐레ㅁ

설사가 멈추지 않습니다.
Imam proljev.
이맘 쁘롤레브

변비입니다.
Imam tvrdu stolicu.
이맘 뜨브르두 스톨리쭈

접수처	primanje	쁘리마니예
대기실	čekaonica	췌까오니짜
진찰실	ordinacija	오르디나찌야

어디가 아프십니까?
Gdje boli?
그데 볼리

이 곳이 아픕니다.
Ovdje me boli.
오브데 메 볼리

나는 당료환자입니다.
Ja sam dijabetićar.(šećeraš)
야 쌈 디야베띠차르 (쉐체라슈)

나는 임산부입니다.
Trudna sam.
뜨루드나 쌈

~에 대한 처방전을 써주실 수 있습니까?
Molim Vas možete li mi dati(prepisati)
몰림 바스 모줴떼 리 미 다띠 (쁘레삐싸띠)

nešto protiv~?
네슈또 쁘로띠브

치과에서

이가(매우)아픕니다.
Imam (jaku) zubobolju.
이맘　　(야꾸)　주보볼류

봉합한 부위가 빠져나갔습니다.
Izgubio sam plombu.
이즈구비오　쌈　　쁠롬부

이가 부러졌습니다.
Slomio sam zub.
슬로미오　쌈　　주브

(마취)주사를 놔주십시오.
Molim dajte mi injekciju.
몰림　　다이떼　미　이넥찌유

(마취)주사는 놓지 말아 주십시오.
Molim bez injekcije.
몰림　　베즈　이넥찌예

약국에서

가장 가까운 약국이 어디입니까?
Gdje je najbliža ljekarna(apoteka)?
그데 예 나이블리좌 레까르나 (아뽀떼까)

밤에 여는 약국은 어디에 있습니까?
Gdje je dežurna ljekarna(apoteka)?
그데 예 데쥬르나 레까르나 (아뽀떼까)

~약을 주십시오.
Molim Vas nešto protiv~
몰림 바스 네슈또 쁘로띠브

이 약은 의사의 처방전이 있어야합니다.
Za ovaj lijek je potreban recept.
자 오바이 리예끄 예 뽀뜨레반 레쩨쁘뜨

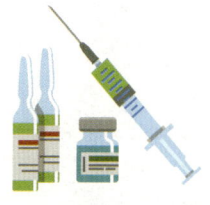

약품 관련 단어

한국어	세르비아어	발음
내복약	izutra	이주뜨라
외용약	spolja	스뽀랴
식전	prije jela	쁘리예 예라
식후	poslije jela	뽀스리예 예라
부작용	sporedna djelovanja	스뽀레드나 데로반야
기침시럽	sirup protiv kašlja	시루쁘 쁘로띠브 카쉬랴
두통약	tablete protiv glavobolje	따브레떼 쁘로띠브 그라보보례
붕대	gaza	가좌
아스피린	aspirin	아스삐린
안약	kapljece za oči	까쁘례쩨 자 오취
안정제	sredstvo za umirenje	스레드스뜨보 자 우미레녜
체온계	toplomje	또쁘로메
연고	mast	마스뜨
인슐린	insulin	인수린
일광화상	opekline od sunca	오뻬끄리네 오드 순짜
수면제	tablete za spavanje	따브레떼 자 스파반예
진통제	tablete protiv bolova	따브레떼 쁘로띠브 보로바
해독제	proturtrov	프로뚜르뜨로브
해충퇴치약	sredstvo protiv insekata	스레드스뜨보 쁘로티브 인세까따

혈액순환제	sredstvo za krvotok	스레드스뜨보 자 끄르도끄
위통	Bol u stomaku	볼 우 스토마쿠
치통	Zubobolja	주보볼랴
설사	Proljev	프롤례브
식중독	Trovanje hranom	트로바녜 흐라놈
의식불명	Gubitak svijesti	구비탁 스비예스티
호흡곤란	Dispneja	디스프네야
심장발작	Srčani napad	스르차니 나파드
화상	Opeklina	오페클리나
골절	Prijelom	프리옐롬
격렬한 통증	Akutna bol	아쿠트나 볼
완만한 통증	Tupa bol	투파 볼
병원	Bolnica	볼니짜
의사	Liječnik	리예추닉
간호사	Sestra	세스트라
응급실	Hitna soba	히트나 소바

간단한 진료는 사설병원으로!!

종합병원은 대기자가 많고 기다리는 시간이 많으므로 간단한 진료 및 치료는 사설 병원을 이용하는편이 낫다. 대부분 병원 시스템이 낙후된 경우가 많아 이용하기에는 불편하고 현지인과 달리 나라에서 제공받는 의료보장보험에 따른 의료서비스를 제공받을 수 없어 외국인은 상당히 고가의 비용을 지불애해야 한다. 전반적으로 진료 및 치료는 신뢰할 만한 수준이나, 대부분의 병원들이 국영으로 운영되고 있어 병원 관계자들의 열의가 다소 부족한바, 간단한 진료는 사설 명원에서 수술이 필요한 의료서비스는 인근 선진국을 이용하는것이 좋겠다.

14

사고·문제가 생겼을 때

크로아티아 치안이 매우 안전하다. 밤에도 유적지를 구경하거나, 늦은 저녁식사를 할 수도 있고 큰 문제없이 숙소로 들어올 수도 있다. 여행지에서 목격하게 되는 취객, 소매치기 등은 거의 찾을 수 없다.

분실물센터에서

분실물센터가 어디에 있습니까?
Molim Vas gdje je ured za izgubljene
몰림　　　바스　그데　예　우레드　자　이즈구블레네
stvari?
스뜨바리

나는 ~을 분실하였습니다.
Izgubio(Izgubila 여성)sam~
이즈구비오　(이즈구빌라)　　쌈

나는 기차에 가방을 두고 내렸습니다.
Zaboravio(Zaboravila여성)sam
자보라비오　(자보라빌라)　　쌈
torbicu u vlaku.
또르비쭈　우 블라꾸

분실물을 찾게되면 이 곳으로 연락을 주십시오.
Molim obavijestite me ako je netko nađe
몰림　　오바비예스띠떼　메　아꼬　예　네뜨꼬　나제

이것이 호텔 주소입니다.
Ovo je moja hotelska adresa.
오보　예　모야　호뗄스까　아드레사

경찰서에서

가장 가까운 경찰서가 어디에 있습니까?
Molim Vas gdje je najbliža policijska
몰림   바스 그뎨 예 나이블리좌   뽈리찌스까
postaja?
쁘스따야

도난/분실/(교통)사고를(을)신고하려합니다.
Hitio(Hitjela)bih prijaviti kruđu/
히띠오 (히띠옐라) 비흐 쁘리야비띠 끄루주 /
gubitak/nesréću.
구비따끄   /네스레추

나는 가방/지갑/사진기를 도난 당했습니다.
Netko mi je uskrao torbicu/
네뜨꼬   미   예   우스끄라오   또르비쭈/
lisnicu/foto-aparat.
리스니쭈 /포또아빠라뜨

자동차에서 ~을 도난 당했습니다.
Netko je uskrao~iz mog auta.
네뜨꼬   예   우스끄라오   이즈 모그   아우따

저 좀 도와주시겠습니까?
Molim Vas možete li mi pomoći?
몰림   바스 모줴떼   리 미   뽀모치

당신 이름과 주소를 적으십시오.
Molim Vas Vaše ime i adresu.
몰림   바스 바쉐   이메 이 아드레수

영사관으로 연락 바랍니다.
Molim Vas obratite se na konzulat.
몰림   바스 오브라띠떼 쎄 나 꼰줄라뜨

교통사고

빨리 구급차를 불러주십시오.
Molim Vas pozovite brzo vozilo hitno
몰림　　　바스　뽀조비떼　　브르조　보질로　　히뜨노
pomoći.
뽀모치

빨리 경찰에게 연락해 주십시오.
Molim Vas pozovite brzo policiju.
몰림　　　바스　뽀조비떼　브르조　뽈리찌유

소방차를 급히 불러주십시오.
Molim Vas pozovite brzo vatrogasce.
몰림　　　바스　뽀조비떼　브르조　바뜨로가스쩨

나의 과실입니다.
Bila je moja krivica.
빌라　예　모야　끄리비짜

당신의 과실입니다.
Bila je Vaša krivica.
빌라　예　바샤　끄리비짜

경찰을 부를까요, 우리끼리 합의할까요?
Hoćemo li zvati policiju ili se možemo
호체모　　　리 즈바띠 뽈리찌유　일리 쎄 모줴모

nagoditi?
나고디띠

손해에 대해 보험처리를 하겠습니다.
Hitio(Hitjela여자)bih da štetu uredi moje
호띠오　(호띠옐라)　　　비흐 다 슈떼뚜 우레디 모예

osiguranje.
오시구라녜

당신의 이름과 주소를 알려주십시오.
Dajte mi, molim Vas, Vaše ime i adresu.
다이떼　미　몰림　　바스　바쉐　이메 이 아드레수

당신의 도움에 감사 드립니다.
Hvala lijepo na Vašoj pomoći.
흐발라　　리예뽀　나　바쇼이　뽀모치

행정 관련 단어

한국어	크로아티아어	발음
경찰	policija	뽀리찌야
체포	uhititi	우히띠띠
협박	napadati	나빠 다띠
집단폭행	razbiti	라즈비띠
감옥	zatvor	자뜨보르
강간	silovanje	시로바녜
도둑	kladljivac, lopov	끄라드리바쯔, 로뽀브
도난	krada	끄라좌
마약	droga	드로가
범죄	zločin	즈로췬
법원	sud	수드
변호사	odvjetnik(남) odvjetnica(여)	오드비예뜨니끄 오드비예뜨니짜
분실	izgubiti	이즈구비띠
사고	prepad	쁘레빠드
서류	isprave, dokumenti	이스쁘라베, 도꾸멘띠
서류가방	lisnica	리스니짜
수표	ček	첵
신고	prijaviti	쁘리야비띠
신분증	osobna iskaznica	오소브나 이스까즈니짜
여권	putovnica	뿌또브니짜
지갑	novčanik	노브차니끄
침범	provaliti	쁘로바리띠
판사	sudac(남) sutkinja(여)	수다쯔 수뜨키냐